Aprendizagem *plural*
como o universo

CIP-BRASIL. CATALOGAÇÃO NA PUBLICAÇÃO
SINDICATO NACIONAL DOS EDITORES DE LIVROS, RJ

M498a   Menegolla, Ione Marisa
               Aprendizagem plural como o universo / Ione Marisa Menegolla. – 1. ed. – Porto Alegre [RS] : AGE, 2025.
               197 p. ; 16x23 cm.

               Apêndice
               Inclui bibliografia
               ISBN 978-65-5863-364-8
               ISBN E-BOOK 978-65-5863-365-5

               1. Aprendizagem. 2. Aprendizagem – Finalidades e objetivos. 3. Revitalização e reinvenção da aprendizagem. 4. Abordagem interdisciplinar do conhecimento na aprendizagem. I. Título.

                                      CDD: 370.115
               25-97690.0   CDU: 37.017.4

Meri Gleice Rodrigues de Souza – Bibliotecária – CRB-7/6439

IONE MARISA MENEGOLLA

Aprendizagem plural
como o universo

PORTO ALEGRE, 2025

© Ione Marisa Menegolla, 2025

Capa:
Nathalia Real

Diagramação:
Nathalia Real
Júlia Seixas

Revisão textual:
Ronald Menezes

Supervisão editorial:
Paulo Flávio Ledur

Editoração eletrônica:
Ledur Serviços Editoriais Ltda.

Reservados todos os direitos de publicação à
EDITORA AGE
editoraage@editoraage.com.br
Rua Valparaíso, 285 – Bairro Jardim Botânico
90690-300 – Porto Alegre, RS, Brasil
Fone: (51) 3223-9385 | Whats: (51) 99151-0311
vendas@editoraage.com.br
www.editoraage.com.br

Impresso no Brasil / Printed in Brazil

PREFÁCIO

*Annabela Rita**

> Não, não vou por aí! Só vou por onde
> Me levam meus próprios passos...
>
> José Régio ("Cântico Negro")

O título diz tudo: "*Aprendizagem plural como o universo*"! Uma aprendizagem plural, *global-local* (Paul Soriano, Manuel Castells, Roland Robertson, Franciscu Sedda) e contínua. Um *aprendeviver* que Ione Marisa Menegolla combina com a sua *escrevivência*!

Hoje, falamos em aprendizagem ao longo da vida, educação continuada ou *lifelong learning*. A UNESCO defende-a, as Academias promovem-na, as políticas elaboram roteiros e programas para a concretizarem, etc.

Na verdade, ela está implicada na existência: basta pensar nos mecanismos adaptativos (físicos, psicológicos, sociais...) e, avançando no tempo, como não lembrar a maiêutica socrática (sécs. V-IV a. C.) ou a estratégia de Confúcio (sécs. VI-V a. C.), p. ex., que atravessaram os tempos e as áreas culturais até à estratégia dos "5 Porquês" (anos 1980) da gigante japonesa Toyota, no mundo empresarial do séc. XX?

Depois de tempos de estabilidade ritmados pelas revoluções industriais, com a História a acelerar por impulso das novas tecnologias, cada vez mais se colocam 2 problemas:

- o que ensinar e aprender para o efeito? Qual a nova enciclopédia de saberes para o séc. XXI (pergunta intitulando encontros científicos, livros, conferências, etc.)?
- como preparar a geração da meia-idade, profissionalmente activa, e as gerações seguintes para um futuro já aí?

Importa fazer/aprender/ensinar a pensar por si próprio e a ouvir os outros, mas, também, a comunicar, implicando isso identificar fenómenos, analisar conceitos, usar critérios, argumentar, reflectir, inscrevendo tudo isso no mundo. O "como", mais do que "o que", a alongar o tempo de validade do conhecimento...

Daí a atenção à multiplicidade de factores implicados no acto e no processo cognitivo que reconduzem toda a problemática do ensino-aprendizagem para a esfera das Ciências da Complexidade que Edgar Morin propôs e caracterizou, lugar de ultrapassagem da interdisciplinaridade e da transdisciplinaridade, mas também da separação entre as "duas culturas" (*The Two Cultures and the Scientific Revolution* (1959), de C. P. Snow) onde emerge, afinal, o da "consiliência", inicialmente proposto por William Whewell, mas definitivamente concebido pelo biólogo E. O. Wilson (*Consilience: The Unity of Knowledge,* 1998).

O séc. XX foi o de caminhada na busca de respostas para as questões enunciadas atrás.

Sem nenhuma pretensão de resumir essa história, bastaria lembrar alguns signos-sinais desse questionamento, da valorização da capacidade de o fazer autonomamente e, mais ainda, da importância de formular questões ainda sem resposta, que nos vectoriam a reflexão: de Italo Calvino (*Seis Propostas para o Próximo Milénio*, 1990) a Jacques Delors (*Os 4 pilares da educação*, 1996), de Georges Steiner (*As Lições dos Mestres*, 2005) a Edgar Morin (*Os sete saberes necessários à Educação do futuro*, 2011), de Guy Bennett-Hunter ('Will It Ever Be Sunday?', *LARB*, 2017) a… até ao semi-testamento de Stephen Hawking (*Breves Respostas para Grandes Questões*, 2018) esboçando ascensional interrogação. Foi um itinerário em *grand tour* que nos confrontou com o facto de a mais actual reflexão reequacionar o enigma sobre a *natureza humana* que o mito de Édipo e da Esfinge ficcionou de acordo com as coordenadas desse tempo-espaço… por isso, este livro tem como separador do cap. 9 *O Pensador* (1904), de Rodin, originalmente *O Poeta*, peça criada ao estilo de Miguel Ângelo para um portal monumental baseado na *Divina Comédia*, de Dante Alighieri, tríptico que enciclopediava a cultura ocidental (Eric Havelock), escultura hoje encimando a *Porta do Inferno* (1880-1917) numa resposta desalentada, trágica, às portas religiosa e esperançosamente elaboradas de baptistérios e da igrejas.

Nesta obra, a dedicatória elege os Mestres. Depois, a Introdução abre um percurso em jeito de decálogo, com 9 capítulos sobre a Aprendizagem identificando coordenadas da mesma e analisando-as caso a caso, sistematicamente, terminando, enfim, com uma conclusão sob o signo da modernidade com 3 personalidades que atravessam os sécs. XVIII-XXI sinalizando os sentidos do *pensamento sobre o/a pensamento/aprendizagem* (Johann Wolfgang von Goethe, 1749-1832, Benoît Bunico, 1801-1863, Umberto Eco, 1932-2016): desde o desejo de "saber mais" aspirando à "diminuição da dependência" até ao reconhecimento do "ilimitado" exigindo uma "interrogação contínua"…

Em jeito pós-facial, uma "Proposta de Actividades" sob o signo de 17 Mestres (de Narciso a Sherlock Holmes), cada um protagonizando um modo de conhecimento, encerra com o regiano "Cântico Negro", hino à independência e autonomia conquistadas e/ou a conquistar pelo *aprendeviver* que a obra advoga. Assumamos o exemplo do poeta subscrito por Ione Marisa Menegolla, seguindo "por onde/ Me levam meus próprios passos..." através da leitura desta obra!

* Annabela Rita [*site* pessoal: http://sites.google.com/site/annabelarita1/] é professora aposentada da Universidade de Lisboa. É doutorada, com agregação e dois pós-doutoramentos em Literatura, investigadora integrada do Centro de Estudos Globais (CEG) – Universidade Aberta e colaboradora do CECS – Centro de Estudos de Comunicação e Sociedade da Universidade do Minho, tendo presidido ao Centro de Literaturas e Culturas Lusófonas e Europeias (2002-2012), à Associação Portuguesa de Tradutores (2007-13).

Presidente da Academia Lusófona Luís de Camões-SHIP, do Instituto Fernando Pessoa-SHIP e da Assembleia Geral da Compares-International Society for Iberian-Slavonic Studies, Directora da Associação Portuguesa de Escritores e do Observatório da Língua Portuguesa, Conselheira do Concílio de Honra da Matriz Portuguesa, do Conselho Supremo da Sociedade Histórica da Independência de Portugal e do Museu Virtual da Lusofonia da Universidade do Minho. Membro de instituições científicas e culturais nacionais (Academia Portuguesa de História, Grémio Literário, Sociedade de Geografia de Lisboa, etc.) e estrangeiras (CIMEEP – Centro Internacional e Multidisciplinar de Estudos Épicos da Universidade Federal de Sergipe, CIRCgE – Centro Interdisciplinare di Ricerca sulla Cultura di Genere da UNINT – Università degli studi Internazionali di Roma, Centre de Recherche Interdisciplinaire sur les Langues, les Littératures, les Arts et les Cultures da Université Assane Seck de Ziguinchor do Senegal, Real Gabinete Português de Leitura do Rio de Janeiro, e outros), integrando diversos Conselhos Científicos e Coordenações de revistas, colecções, encontros científicos e projectos, assim como dezenas de júris literários e académicos (incluindo em *Academic Surveys*).

Conta com mais de três dezenas de distinções em Portugal e no estrangeiro (Áustria, Brasil, Espanha, EUA, Inglaterra, etc.).

Obras principais:
Eça de Queirós Cronista (1998; 2017); *Labirinto Sensível* (2003-04); *No Fundo dos Espelhos* (2003-2007); *Emergências Estéticas* (2006); *Itinerário* (2009); *Cartografias Literárias* (2010; 2012); *Paisagem & Figuras* (2011); *Focais Literárias* (2012); a trilogia *Luz e Sombras no Cânone Literário* (2014), *Do que não existe. Repensando o Cânone Literário* (2018) e *Perfis & Molduras no Cânone Literário* (2018); *Novas Breves & Longas no País das Maravilhas* (ebook, 2018); *Última vontade régia incumprida* (e-book, 2018); *No Fundo dos Espelhos. Em Visita* (2018); a duologia *Sfumato. Figurações in hoc signo. Na senda da identidade nacional* (2019) e *Sfumato & Cânone. Na senda da identidade nacional* (2021); *Teolinda Gersão: encenações* (2020); *Da Língua Portuguesa vêem-se galáxias* (2020); *COmVID 19 em 2020: na "dança" das representações* (ebook, 2020); *O Essencial sobre Teolinda Gersão* (2021).

Obras (co)coordenadas mais relevantes:
Do Ultimato à(s) República(s) (2012), *Entre Molduras. A Metamorfose nas Artes, nas Letras e nas Ciências* (2016), *100/Orpheu* (2016); *Fabricar a Inovação. O Processo Criativo em questão nas Ciências, nas Artes e nas Letras* (2017); *Teixeira de Pascoaes* (2017, 3 vols.); *Repensar o Feminino em Contexto Lusófono e Italiano / Ripensare il femminile in ambito lusofono e italiano* (2017, 2018, 2019); *Perigoso é...* (vol. I, 2018); *Literatura & Sociedade* (2018); *100 Futurismo* (2018); *Cervantes & Shakespeare: 400 Anos no Diálogo das Artes* (e-book, 2019); *Perigoso é...* (vol. II) (2020); *"Aproxima-te um pouco de nós, e vê." – Eça em cena 120 anos depois* (2021); *Miguel Real. 40 anos de Escrita. Literatura, Filosofia e Cultura* (2022); *Europa: Um Projecto em Construção. Homenagem a David Sassoli* (Firenze, 2023) e *Europa: un progetto in costruzione. Omaggio a David Sassoli* (Firenze, 2023); *Revoluções em Flor. 50 anos depois do 25 de abril de 1974* (Firenze, 2024); *História Global da Literatura Portuguesa* (2024).

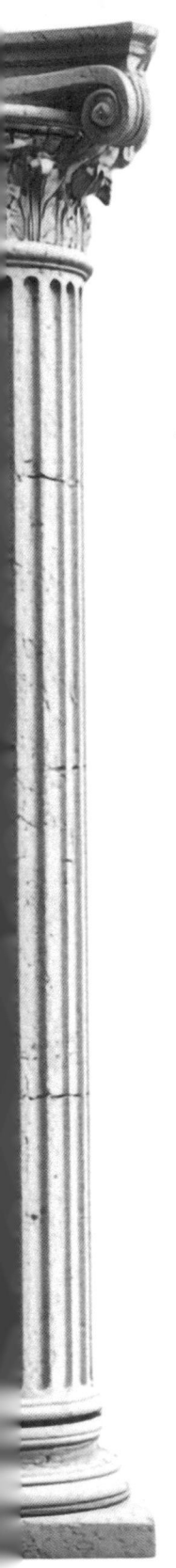

APRENDIZAGEM AO LONGO DA VIDA

A sabedoria é algo nobre, e tudo o que é nobre, segundo Spinoza, é tão difícil quanto raro; mas podemos aprender a ser sábios.
— *Ione Marisa Menegolla*

Montaigne, na entrada da sua torre, perguntava apenas: "*Que sais-je?*" e aí encerrava a exigência de um caminho muito árduo para conhecer e compreender.
— *Guilherme de Oliveira Martins*

Como aprendem as crianças a viver neste presente em rápida mutação? Como aprendem a ser capazes de participar plenamente no futuro – na realidade, a moldá-lo? Tudo pode mudar – temos de questionar o que é uma escola ou um currículo, quem é professor e quem é aluno.
— *Ilona Kickbusch*

Não damos ao espírito das crianças a mesma importância que damos aos seus pés; na verdade, elas têm sapatos de diversas formas e tamanhos, conforme a medida dos pés; quando virá uma escola à medida?
— *Édouard Claparède*

AGRADECIMENTOS

Agradecemos às seguintes entidades o apoio dado às nossas pesquisas e aos nossos trabalhos para a elaboração desta obra: Fundação Calouste Gulbenkian; Biblioteca Nacional de Portugal; Biblioteca Municipal Palácio Galveias; Biblioteca da Faculdade de Letras da Universidade de Lisboa; Biblioteca da Faculdade de Educação da Universidade de Lisboa, na Cidade Universitária; Biblioteca Central da Universidade Católica de Lisboa; Hemeroteca Municipal de Lisboa; Torre do Tombo.

Estendemos os nossos agradecimentos à Associação Portuguesa de Editores e Livreiros; aos Serviços Culturais das Embaixadas de Portugal, em Brasília, e a do Brasil, em Lisboa; e ao Instituto Camões.

Agradecemos a todos os que nos distinguiram e divulgaram os nossos trabalhos.

Agradecimento eterno ao Maximiliano Menegolla.

DEDICATÓRIA

Ao Maximiliano Menegolla, professor/esposo, vivo na minha memória, no meu coração, no meu espírito, no meu ser, por me proporcionar **APRENDEVIVER**.

Sentir-me-ei sempre abençoada e honrada por ter sido orientada, inspirada e amada e por ter vivenciado o legado do meu máximo mestre carismático.

De você me orgulho, e como/e quanto!

Ione Marisa Menegolla

> Vós sois o meu mestre e o meu autor; vós sois aquele onde eu fui buscar o estilo que me tem honrado. [...] Vós sois minha raiz; e me animas com vosso incitamento, fazendo-me subir mais do que eu quis.
> – Dante Alighieri

> Ensinaste-me como o homem se faz eterno.
> – Eliot Norton

Aos meus professores responsáveis pela minha formação educadora;
Aos gregos, discípulos de Homero;
Ao Dante Alighieri, discípulo de Virgílio;
Ao Alexandre, o Grande, discípulo de Aristóteles;
Aos Apóstolos, discípulos de Jesus Cristo;
A mim, discípula de Maximiliano.

Ione Marisa Menegolla

APRESENTAÇÃO

> Aquele que aprende uma coisa passa a ser aquilo que a aprendizagem dessa coisa determina, não será assim?
> – *Platão*

> A capacidade de aprender é o principal ativo. E a melhor forma de aprender é com os melhores.
> – *Francisco A. Hernández*

Nesta obra, na perspectiva de partilhar temas, que consideramos importantes, os desenvolvemos respondendo aos desafios da pós-modernidade, à formação, ao papel e ao conceito de aluno, seus valores, suas relações como pessoa responsável, suas construções de conhecimentos e a questão que norteia a melhoria das aprendizagens.

As nossas ideias rompem fronteiras, abrem caminhos para que o tesouro da aprendizagem seja buscado, partilhado entre os alunos-cidadãos, enriquecido e promovido por eles. Para elaborarmos esta obra, pesquisamos e fizemos análises teóricas, acrescentadas de investigações práticas.

Um dos nossos objetivos consiste em questionar a performance do aluno, o alargamento das suas competências, seu bem-estar, sua satisfação pessoal, sua autoconfiança, seus compromissos, seus deveres, seus direitos, seu bem-fazer, seu avanço intelectual, o grau de partilhar o desenvolvimento dos seus projetos educativos. Objetivamos também avaliar a dimensão da aprendizagem para que a pessoa do aluno seja formada e desenvolvida na sua totalidade.

Lembramos que o professor Maximiliano Menegolla foi o inspirador desta obra. Colhemos do seu ensino uma herança de aprendizagem que não é apenas de intelecto para intelecto, mas também de coração para coração, o que caracteriza um verdadeiro humanismo.

Como discípula do Max, confesso que conviver com ele foi um encanto e uma aprendizagem primorosa. Ele conquistou seus alunos pela pedagogia intelecto-amorosa e inovadora que desenvolveu; e cativou pela dedicação aos seus semelhantes, pela graça, simplicidade e doçura. Vemos a comunicação do Menegolla como uma irradiação muito natural de uma bondade culta e acariciadora. Essa afabilidade é uma expressão de alma. Assim, entre professor e aluno se estabeleceu uma simpatia que se alonga e que talvez constitua uma das forças dos seus ensinamentos.

Neste contexto, lembramos D. Aleixo, na sua fala e despedida sublime a El-Rei D. Sebastião, lançando estas grandes palavras: «O excesso de affabilidade, senhor, não compromette a auctoridade do Príncipe».

Demos testemunho de uma renascença de emoção e raciocínio; uma sensibilidade voltada para uma vontade de ação. As lições do Max vão além de uma simples tarefa obrigatória. A pedagogia menegolliana concorre para a grandeza tanto das letras do coração como das letras da mente. A tolerância nos diálogos e o bem-querer nos argumentos refletem uma prática educativa para compreender, recepcionar e proporcionar aprendizagem.

O Max com a razão mantinha a chama da emoção acesa. Uma didática cerebral que calcula, seguindo o caminho dos sentimentos. Por essa via, não há ruídos estéreis; há o emprego da consciência esclarecida.

> **Je suis tu quand**
> **Je suis je.**
> – *Paul Celan*

SUMÁRIO

Introdução 25

1 Aprendizagem num universo indecifrável 37

2 Aprender é uma "verdadeira fortuna" 51

3 Aprendizagem global e permanente ao longo da vida 67

4 A função que a leitura desempenha na aprendizagem 75

5 A aprendizagem da acomodação. Por que tentar? 87

6 Aprendizagem em que se articulem saberes plurais 97

7 Revitalização e reinvenção da aprendizagem 109

8 "O aluno é um aprendiz e não um ensinado" 121

9 O desenvolvimento da inteligência na aprendizagem do aluno 139

Conclusão 147

Proposta de atividades 161

Referências 167

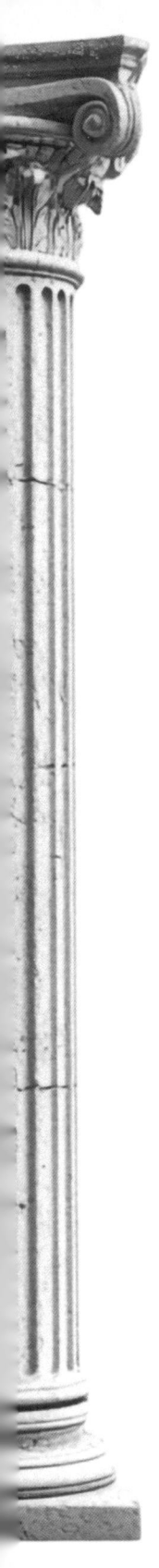

APRENDIZAGEM DO ÚTERO MATERNO A MAIS ALÉM...

Ninguém entra no mundo a anunciar que encabeçará revoluções ou fará qualquer golpe de Estado na república das letras. Ninguém poderia sequer antecipá-lo, isso porque toda a criança, ao chegar a este vale de lágrimas (mais que de risos), é um ponto de interrogação.

– *Volodia Teitelboim*

Rezarei com o espírito, mas rezarei também com a inteligência; cantarei com o espírito, mas cantarei igualmente com a inteligência. De outro modo, se tu elevas um cântico de louvor só com o espírito, como pode o que participa como simples ouvinte responder Ámen à tua acção de graças, visto que não sabe o que dizes?

– *São Paulo*

O preço da sabedoria é de um valor demasiado substancial.

– *Thomas Morus*

Prometeu.
Escultura de Nicolas-Sébastien Adam, 1762, Louvre.

INTRODUÇÃO

A HERANÇA QUE NOS MOLDA ANTES DO NASCIMENTO

> A herança que se recebe pela educação, obviamente, mas sobretudo o que não se vê e nos molda antes do nascimento.
>
> – Luís Ricardo Duarte

> O que, pois, pode servir-nos de guia? Só e única, a filosofia. Consiste ela em guardar o *nume* interior livre de insolências e danos, mais forte que os prazeres e mágoas, nada fazendo com leviandade, engano e dissimulação.
>
> – Marco Aurélio

Encaminhamo-nos para a elaboração desta obra guiados pela literacia, assim como Dante, n'*A Divina Comédia*, na condição de discípulo, avançou pelo território pedagógico do Inferno rumo aos também pedagógicos territórios do Purgatório e do Paraíso, guiado por Virgílio, este um distinto mestre.

Lançamo-nos nesta empreitada para laboriosamente, com afinco, perseguir e não perder de vista, muito menos de pensamento, os objetivos e planos encetados nesse sentido.

Introduzimos esta obra com esta primeira indagação: como havemos de nos dirigir aos alunos de hoje? E fazendo outras perguntas que julgamos pertinentes, tais como: será que a mentalidade, que tanto orgulhava os Helenos, perdeu a validade; há um território físico-humano para o saber e outro para a ignorância; a cultura de reflexão perdeu-se no tempo; a política do ensino-aprendizagem escolhe certos contextos em detrimentos de outros; Prometeu, o titã ousado e destemido, se aposentou da busca do fogo do conhecimento, despiu-se da ousadia, capitulou diante do tempo do apagão da consciência; Jó, o pastor cristão, se exilou do mundo dos desalmados, dos homens, cujos corpos já não abrigam o espírito, cujas palavras já não são inspiradas por Deus; o homem de coração está fora de moda; é o mestre que já não quer guiar o discípulo ou é o discípulo que tornou o mestre exilado, ou é a era líquida que os apartou, dispersando-os; ou, de certa forma, é tudo isso? A quem interessa contornar o exercício do aprender a saber, da didática de ensinar a aprender, e da estratégia de aprender a ensinar? Quais as perspectivas da aprendizagem para o futuro? Que aspectos do ensino têm mais influências na formação integral do aluno?

O nosso trabalho dará ênfase e concentrar-se-á nas seguintes partes: preparação de parte teórica, desenvolvimento das teorias; exploração das teorias pesquisadas; fase de avaliação dessas teorias; resultado da análise teórica; interpretação final. A nossa linha pedagógica cumpre o investimento em um aluno com uma atitude mais crítica, mais ativa e consciente, em relação aos novos desafios do mundo pós-moderno, invadido pelos meios de comunicação, alicerçado pela tecnologia, escancarado pela

Internet. Uma realidade não tão real, em que gastamos demais com o supérfluo e investimos de menos no essencial; em que fazemos mais de desqualificação e menos de qualificação.

A nossa visão é de reinvenção do contexto educativo contemporâneo, para contemplar a mentalidade do aluno, e sua satisfação pessoal, a sua autoconfiança, imprimindo um sentido de bem-estar na sua vida estudantil.

A nossa contribuição neste livro consiste em equacionar a questão da relação entre o professor, o aluno, a família, a comunidade e o mundo, numa perspectiva de ensino-aprendizagem como expressão de literacia, para que não se banhe nas águas da letargia. Investimos em um aluno brilhante, para que atraia o interesse e conquiste o reconhecimento respeitoso de todos os cidadãos, o olhar de todos os povos e a adesão de todas as culturas.

Várias são as ideias nucleares aqui desenvolvidas, dentre as quais a aprendizagem da periferia ao centro do mundo. Apresentamos o aluno como protagonista nesta viagem e festival de saberes, dada a importância da cultura mundial nesta era planetária. O aluno, amando o saber, para glorificá-lo, e, quando necessário, criticá-lo.

Repensaremos os desafios da aprendizagem, numa abertura à transcendência, a fim de regenerar os alunos. Uma aprendizagem que, na visão do pensador Eduardo Franco: «tem de ser acompanhada de sabedoria e banhada por uma espiritualidade libertadora de um materialismo redutor». Trabalharemos a maturidade da aprendizagem que indica um fio de Ariadne no vasto labirinto existencial e do conhecimento.

Um dos temas dos quais aqui nos ocupamos é o de aprender para saber viver a vida num sentido pessoal e social, mas não menos estando a par e interagindo com a circulação de conhecimentos nacionais e de além-fronteiras. Trata-se do aprendizado em uma pluralidade de contextos culturais, tema teorizado, desenvolvido e praticado por Maximiliano Menegolla.

Um dos caminhos didáticos que agora propomos é o que conduz ao ensino-aprendizagem de qualidade. Pois ele serve à emancipação dos alunos, ao progresso da sociedade, da nação, do mundo. Os nossos principais interesses nesta obra situam-se na área da aprendizagem como expressão de literacia, que analisaremos na perspectiva desse domínio.

O que agora nos move encaminha-se para o que move o ensino-aprendizagem: a competência, a afeição, de modo a desempenhar a função de clarificador do aluno.

Queremos chamar a atenção neste evento cultural para o poder do conhecimento e das ideias na aprendizagem, o que nos determinou a seguir certos conceitos e linhas respeitáveis de alguns pensadores. Por exemplo, para Berkeley tudo o que existe são as ideias que podem estar no espírito de cada ser humano. Emmanuel Kant pergunta o que é o conhecimento e como é ele possível, enquanto Henri Bergson expressa que para compreender o universo devemos mergulhar nele. Já, conforme John Stuart Mill, verdadeiramente, o que podemos conhecer são as nossas ideias.

É nosso objetivo apresentar conteúdos, temas, sugestões de propostas de atividades e visões diferenciadas sobre a realidade cultural que conhecemos e de outras culturas, de hoje e do passado, para termos condições de conhecer para comparar e de comparar para conhecer.

A nossa proposta pedagógica de aprendizagem encontra-se na intersecção com os mitos de Prometeu, Teseu, Hermes, Narciso, entre outros. Em que alunos partilhem estórias, interpretem temas, discutam personagens. São aprendizagens que vão ter impacto nos seus comportamentos, bem como em suas iniciativas, atitudes, preferências e decisões.

Investimos em um aluno com a alma de Teseu, ao mesmo tempo incorporado pela filosofia de Kierkegaard, que se arrisque nos labirintos de aprendizagem – como em Cnossos – para se instruir nas linhas e nas entrelinhas – como Minotauro. Um aluno aplicado em exercícios pedagógicos que proporcionem o acesso ao inacessível.

O nosso trabalho serve a um propósito claro e significativo: o de promovermos alunos protagonistas do processo de aprendizagem. Com uma diversificação de estratégias para aprender.

Nessa linha de raciocínio, elegemos um aluno que pertença à categoria dos mentalizados, assim como Alexandre O Grande que pertenceu à linhagem dos sábios e não à linhagem dos reis.

É de nosso interesse partilhar de um processo articulado num empenho pedagógico cuja aspiração seja a de elevação do aluno-cidadão do mundo. Uma cultura de aprendizagem sem fronteiras, quer de pensamentos quer territoriais.

Para nós, o conhecimento é um porto sempre por achar. E a aprendizagem é uma direção que se mantém. Um aprender que melhor prepare o aluno para a vida, para o invisível, para o imprevisto. Pois, mais do que nunca é preciso conhecer o desconhecido, alcançar o inalcançável, ouvir o que não foi dito, ler o que não está escrito, decodificar as entrelinhas.

O nosso trabalho quer ser um desafio estimulador do desejo de conhecer, de amor ao saber; enfim, da formação de um aluno empenhado em obter mérito na aprendizagem. Apresentamos os alunos às vantagens da inteligência no aprender. Demócrito de Abdena proclama que a inteligência nos traz três vantagens, quais sejam: bem-pensar, bem-falar e fazer o dever. Ainda insiste esse filósofo pré-socrático que a reputação e riqueza sem inteligência não são propriedades seguras. Reflexão que deve ser incorporada ao ato de aprender e exercitada, provida de espiritualidade.

Em provérbios da Bíblia, lemos que «adquirir sabedoria vale mais que ouro» e «antes adquirir inteligência que prata». Se o estudo é aplicação zelosa, é andar conforme a origem latina *studiu;* falta ao ensino atual uma didática laboriosa para uma formação eficiente do aluno. Este carece de uma aprendizagem destituída de ornamentos. Quando o ensino-aprendizagem encontra-se em harmonia com a literacia; em que o estatuto pessoal e o social são cultivados pelas qualidades superiores de discernimento, a escolha pedagógica de lições é uma questão de competência. O conhecimento adquirido sob os auspícios da literacia agrega o poder de saber fazer escolhas pertinentes e eficientes.

Como bem precisava o professor Maximiliano Menegolla, o educador deve proporcionar ao aluno aprender a saber viver a vida com felicidades, discernimento e espírito crítico.

George Steiner (2005, p. 86-88) adverte para a questão da responsabilidade do mestre pela conduta dos seus discípulos.

"Se sim, em que medida e de que modo (ético, psicológico, jurídico)?" Se a virtude pode ser ensinada, será também esse o caso do vício. Francisco de Assis inculcava bondade até nos peixes. A questão que está no cerne do julgamento de Sócrates e das denúncias patrísticas de Simão, o Mago, nas *Recognitiones* clementinas jamais perdeu a sua atualidade.

De Heráclito a Wittgenstein, mas também na Cabala, na ideologia confuciana ou no Zen, os mestres esforçaram-se por antecipar e prevenir os erros de leitura, os abusos das suas doutrinas. Devemos considerá-los cúmplices quando um discípulo tresloucado lança fogo ao templo?

O verdadeiro ensinamento pode ser terrivelmente perigoso. O Mestre tem nas suas mãos o mais íntimo dos seus alunos, a matéria frágil e incendiária das suas possibilidades – toca na alma e nas raízes do ser, um ato no qual a sedução erótica, por metáfora que seja, é o aspecto de menor importância. Ensinar sem uma grande apreensão, sem uma reverência perturbada pelos riscos envolvidos, é uma Frivolidade. Fazê-lo sem considerar as possíveis consequências individuais e sociais é uma cegueira".

O tratamento alegórico mais amplo da relação mestre – discípulo encontra-se em *A Divina Comédia*, de Dante Alighieri. Enfatizamos uma política do aprender incorporada pelo ensino-aprendizagem não apenas na escola, como instituição de ensino, como também na família-escola, na cidade-escola, incentivada por todos os responsáveis pela educação. Enfim, pelo mundo acadêmico, e em todos os contextos pedagógicos. Para tanto, importa que retomemos, reavaliemos e recriemos um novo conceito de aprendizagem, de aluno, de família, de educador, de escola. Enquanto a prática e o exercício da pedagogia sequer sejam vistos e tratadas com novas perspectivas.

Estamos cientes de que todo o evento cultural sobre a aprendizagem necessita estar associado a uma preparação social que interaja com o que for proposto. Em vista disso, problematizaremos o fato de que ao assistencialismo tem sido reservada uma superioridade inconteste no que se refere à prática da aprendizagem. De forma que a formiga deve ser vingada, visto que a cigarra se apossou do aluno e da pedagogia, tornando aquele dançarino e esta um baile de corpos descerebrados.

É preciso encontrar uma cruzada pedagógica filantrópica para o despojamento, despossessão da moda de incultura da aprendizagem, tendo em vista que, quando o facilitarismo triunfa, a mente se debilita, o pensamento se deteriora, a reflexão se esvai. O desafio que se coloca é o de uma cultura de discussão sobre o papel e a responsabilidade do aluno-cidadão do mundo.

Queremos saber, e procuraremos sabê-lo, nesta obra, o que os alunos leem, escrevem e aprendem, hoje, na era planetária. Se há a aprendizagem de uma filosofia de vida, de uma cultura geral e de uma atitude ética na prática educativa.

Propagamos uma vocação global de cruzamentos de saberes. Pois na globalização, as barreiras físicas de relacionamentos humanos e de pensamento são desfeitas, tudo enquadrado na vitória do amor e do conhecimento.

A nossa obra almeja ter um alcance inestimável e ser fundamental para a aquisição de conceitos e construção de pensamentos complexos, críticos e produtivos do aluno. Quer estar aliada ao melhor da aprendizagem, ao viabilizar a aquisição de conhecimentos, a prática de atividades relativas e o campo temático com que nos ocupemos e ao possibilitar o intercâmbio, a interatividade com outros alunos, especialistas, instituições e situações nacionais e estrangeiras que revelem um mundo de infinitas questões que provoquem grandes mudanças na aprendizagem.

No visionário entendimento do educador Maximiliano, a aprendizagem responsável é a chave para abrir o coração e a mente do aluno, elevando-o ao alcance da compreensão da ciência exata, das humanidades e da poética.

Aluno, sê plural como o universo. Adotamos essa exortação proclamada por Fernando Pessoa, que teve, no parecer de Roberto Carneiro, como "plano de fundo o desdobramento heteronômico da personalidade criativa".

> A catástrofe de Babel abre para a atividade humana a empresa da reflexão e a reflexão da liberdade.
> – *George Gusdorf*

A verdadeira aprendizagem chega ao âmago do que significa ser humano. Através da aprendizagem, recriamo-nos a nós próprios. Através da aprendizagem, passamos a ser capazes de fazer algo que nunca conseguimos fazer. Através da aprendizagem, reentendemos o nosso mundo e o nosso relacionamento com ele. Através da aprendizagem, ampliamos a nossa capacidade de criar, de fazer parte do processo generativo da vida. Há dentro de cada um de nós uma forma profunda deste tipo de aprendizagem.

– Peter M. Senge

Atena Giustiniani
Atribuída a Locro de Paros
Cópia datada do século I ou II d.C.

CAPÍTULO 1

APRENDIZAGEM NUM UNIVERSO INDECIFRÁVEL

Monalisa, por Leonardo da Vinci.

Qué sentido último tendría el esfuerzo de aprender todas estas cosas, si tal aprendizaje no contribuyese a hacernos más dueños de nosotros mismos y del mundo?

– Pedro Laín Entralgo

1.1 O QUE É APRENDIZAGEM?

Embora tenhamos a tentação de definir a aprendizagem como progresso alcançado pela prática, ou como aproveitamento de experiência, sabemos muito bem que certas aprendizagens não são progresso e que outras não são desejáveis nas suas consequências.

– Ernest Ropiequet Hilgard

Marguerite Altet refere que a aprendizagem, conforme o que consta em *La pédagogie du projet*, é uma «auto-socio-construção do saber» do aluno com a ajuda do professor.

Altet (1999, p. 134), ressalta a importância da posição de Jean-Louis Martinand que "insiste no fato de que se os obstáculos têm uma significação profunda em relação às aprendizagens a executar, são eles que é necessário colocar no centro para definir os verdadeiros objetivos".

Pensamos que a aprendizagem para o saber, para a vida e para o amor começa a ser traçada a partir da construção dialética uterina, decidida e dolorosa por onde os caminhos para a sabedoria vão se fazendo.

No ato da aprendizagem, é mister reacender a chama da luz interior, reaver o espanto filosófico, reativar a consciência esclarecida, alimentar o espírito crítico. É preciso, ademais, investir na aprendizagem da ética e na ética da aprendizagem, proclamando os méritos de aprendizagem como um ato de literacia.

1.2 A APRENDIZAGEM DESIGNA O QUÊ?

> Uma competência refere-se a uma combinação complexa de conhecimentos, capacidades, compreensão, valores, atitudes e disposições que levam a uma ação humana eficaz e integrada no mundo numa determinada área. A competência implica sensação de influência, ação e valor.
>
> – Hoskins e Crick

Laeng afirma que a «aprendizagem designa o processo por meio do qual se adquire um determinado comportamento». Há muitos caminhos e horizontes da aprendizagem.

A motivação para a aprendizagem precisa tratar o aluno como empresário do saber, um empreendedor de ideias. Tal investimento deve ser pautado pela razão, para que a reflexão seja efetivada, incorporada pela espiritualidade para que a aprendizagem irradie luz.

1.2.1 Objetivos da aprendizagem

Alexandre Quintanilha apresenta os principais objetivos de aprendizagem: adquirir os conhecimentos e as ferramentas técnicas; adquirir capacidades intelectuais para compreender as teorias. Ele enumera também os desafios essenciais para a aprendizagem. Um é a questão da globalização; o outro é a questão de individualização; trata-se aqui da realização pessoal e do fortalecimento da autonomia individual. Quanto à globalização, está em causa o desenvolvimento econômico e a criação de riqueza. Consideramos que os problemas do mundo se encontram a par de problemas individuais.

1.3 APRENDIZAGENS FUNDAMENTAIS

Relata-nos Manuel Pinto (2003, p. 93-94) os dados contidos no documento da Referência Internacional no âmbito da educação que é o Relatório Delors: "refere-se, a dado passo, haver dois grandes objetivos aos quais a educação deve responder: 'Fornecer os mapas de um mundo complexo e perpetuamente agitado e a bússola que permite nele navegar'". Os mapas referem-se a universos de conhecimentos e de saberes-fazer cada vez mais vastos; a bússola remete-nos para a necessidade de pontos de referência que não nos deixam «submergir pelos fluxos da informação mais ou menos efêmeros que invadem os espaços públicos e privados». Por ser evidente que ninguém pode acumular na sua formação inicial um «stock» de conhecimentos qual possa ir exaurindo, por assim dizer, ao longo da vida, e que se torne necessário pôr a ênfase em «disposições gerais transponíveis» e readaptáveis a quadros e situações que não cessam de se alterar, como sustentou Bourdieu em meados dos anos 80. A essas disposições chama o grupo liderado por Jacques Delors «aprendizagens fundamentais» ou «pilares do conhecimento», a saber:

- aprender a conhecer, com o objetivo de adquirir os instrumentos da compreensão;
- aprender a fazer, ou seja, adquirir competências para agir sobre o meio;
- aprender a viver com os outros, participando e cooperando nas atividades humanas;
- aprender a ser, como resultado e corolário das aprendizagens anteriores.".

1.4 NOÇÃO E ÊXITO NA APRENDIZAGEM

A noção de aprendizagem tem o imenso mérito de refletir o dizer do mestre ao fazer do aluno.
– A. Prost

Todo aquele que se esforçar para ouvir a resposta das crianças é um revolucionário.
– Françoise Dolto

Na leitura de Marguerite Altet (1999, p. 52), "Estas pedagogias, centradas no êxito de aprendizagem escolar e nos meios deste êxito por parte dos alunos, procederam, pela utilização dos estudos das teorias cognitivas, à inversão do processo pedagógico, descentrando-se do processo de ensino e privilegiando o processo de aprendizagem. Alteraram também as relações mestre-aprendizes, professor-alunos, e produziram uma verdadeira percepção do aluno, recolocando-o no triângulo pedagógico numa posição dominante na relação aluno/saber, tal como no caso do papel de mediador do professor".

1.5 OS QUATRO PILARES DA APRENDIZAGEM

> A ciência contemporânea contribui com um elemento muito singular para o conhecimento do homem, mostrando que é biologicamente inacabado. Poder-se-ia dizer dele que jamais se tornará adulto, sendo a sua existência um processo contínuo de acabamento e de aprendizagem.
>
> – Comissão Faure-Edgar Faure

Ilona Kickbusch (2012, p. 33) assinala "Os quatro pilares da aprendizagem definidos no relatório de 1996 apresentado à Unesco pela Comissão Internacional da Educação para o século XXI, Educação: Um Tesouro a Descobrir – aprender a saber, aprender a fazer, aprender a ser e aprender a viver em comum – salientam o fato de a aprendizagem ser um processo".

Ao seguirmos as propostas dos quatro pilares da aprendizagem, pensamos que preparar as gerações futuras implica guiarmo-nos, mas segundo Ilona Kickbusch, por «um direito humano universal, utilizando a perspectiva 'Bem-Estar para Todos' para abranger tanto o bem-estar individual como o bem-estar social e global». Kickbusch põe como primordial importância o relacionamento da pessoa consigo mesma, que sirva de base para a autoestima, autoconfiança e autoexpressão.

1.6 CULTURA DE APRENDIZAGENS EM DIÁLOGOS COM O MUNDO

> A cultura matricial na plenitude dos seus matizes integradores: memória, língua, civilização, História, Filosofia, diálogo com o mundo.
> – Roberto Carneiro

Trousson avalia que «é talvez ao nível dos temas que melhor se faz sentir a fraternidade ou, pelo menos, o parentesco intelectual dos povos». Dada a complexidade das relações temáticas, necessário se faz mostrar todos os cambiantes e todos os significados dos temas, longe de barreiras artificiais. Combinar, portanto, o comparativismo horizontal com o comparativismo vertical.

Penélope teceu a odisseia das viagens de Odisseu durante anos, há muito tempo. E todos nós retomamos essa tecitura, adaptando-a aos contextos da contemporaneidade, com inteligência e personalidade. Assim sendo, devemos considerar a relação entre culturas e identidades diferentes. Por isso, primamos por uma cultura de aprendizagens em diálogo com o mundo.

1.7 "SETE IDEIAS-CHAVE QUANTO AOS PADRÕES EM TRANSFORMAÇÃO DA EDUCAÇÃO E DA APRENDIZAGEM"

Roberto Carneiro (2010, p. 72), lista "Sete ideias-chave quanto aos padrões em transformação da educação e da aprendizagem:

- Aprendizagem auto-organizada e centrada no aluno, em vez de uma aprendizagem centrada no professor;
- Incentivar a variedade e não a homogeneidade: abraçar múltiplas inteligências e estilos de aprendizagem diversificados;
- Compreender um mundo de interdependências e mudanças, em lugar de memorizar fatos e debater-se pelas respostas certas;
- Explorar constantemente as teorias-em-uso de todos os envolvidos nos processos de educação;
- Reintegrar a educação em redes de relações sociais que ligam pares, amigos, famílias, organizações e comunidades;
- Ultrapassar a fragmentação do conhecimento típica de primeiro modo de entendimento iluminista, privilegiando formas mais holísticas e integrais de conhecimento;
- Favorecer um papel cada vez mais determinante da aprendizagem informal e não formal."

1.7.1 Uma relação produtiva de aprendizagem

O grande Pitágoras conhecia bem as regras éticas e intelectuais, e as aplicava no seu magistério. Os sofistas instruíam os discípulos no pensamento rigoroso e na atenção ao pormenor. Já os nossos Seminários, escreve Steiner, procedem de Pitágoras e as nossas Conferências de Górgias.

Observa George Steiner (2005, p. 18-19), "Foi através daquilo que sabemos sobre os ensinamentos e as narrativas hagiográficas em torno de Empédocles e de Pitágoras que surgiram os motivos universais do Mestre e dos discípulos".

Saul Bellow, por sua vez, foi categórico ao dizer «sem ensino, a comunidade judaica seria uma impossibilidade».

1.8 APRENDIZAGENS DO ENTENDIMENTO

> O conhecimento é a instância última, a cujo respeito se combate a luta suprema do homem. A decisiva é a sabedoria.
>
> – *Giorgio Colli*

Refletindo sobre o tema do entendimento, sobre quem pode e é merecedor de recebê-lo e sobre o esforço em levar o entendimento, Demócrito é contundente na advertência de que é esforçar-se em vão pretender trazer entendimento a quem imagina possuí-lo. Observa que nem a arte nem a ciência são atingíveis sem estudo. Nessa linha, destaca Demócrito que a ignorância do melhor é causa dos nossos erros. Além disso, enfatiza que a amizade de um único homem compreensível é melhor que a de todos os que não têm entendimento.

1.9 O QUE PROVOCA A APRENDIZAGEM DA CORAGEM?

> Diz-me, se podes, o que é a coragem?
> – *Sócrates*

> Sem a prudência as outras virtudes seriam cegas, ou loucas; mas sem a coragem seriam vãs ou pusilâmines.
> – *Comte-Sponville*

Quanto ao vocábulo coragem, José H. Barros-Oliveira (2010, p. 5-6) escreve: "Etimologicamente, o vocábulo 'coragem' provém certamente do baixo latim *courage*. Tem na sua raiz cor (coração), estando a indicar que a verdadeira coragem arranca das forças mais íntimas e profundas da pessoa. O latim clássico usava *fortuito* (anima) que indica antes de mais a força (*fortis*) física, mas também a força mental e espiritual, audácia ou ousadia".

Snyder e Lopez (2008, p. 221) lembram que "Platão analisa a coragem mental dos seus mentores, enquanto Aristóteles, particularmente na *Ética a Nicómaco*, se centra na coragem física do seu «bravo soldado»". Os escolásticos na Idade Média também estudavam esta «virtude». Por exemplo, S. Tomás de Aquino, na *Suma Teológica*, fala da virtude cordial da Fortaleza. Já na idade moderna pós-renascença, outros autores tentaram interpretar a coragem, como Descartes, no *Tratado das Paixões*.

1.10 O QUE FAVORECE O SUCESSO E A QUALIDADE DA APRENDIZAGEM?

> A ideia de que o homem é um ser inacabado e não pode realizar-se senão ao preço duma aprendizagem constante tem sólidos fundamentos não só na economia e na sociologia, mas também na evidência trazida pela investigação psicológica.
>
> – Edgar Faure, Comissão Faure

Segundo as palavras do Secretário de Estado da Educação de Portugal no início do ano letivo de 2018/19: «é necessário garantir que o sucesso não é um ato administrativo, mas sim um compromisso com a garantia de aprendizagens de qualidade para todos». A partir deste ano letivo, confere João Costa, Portugal oferece a possibilidade de permuta de disciplinas entre cursos.

Portugal tem o Plano Nacional de Promoção de Sucesso Escolar: «com medidas construídas em função das variáveis que condicionam o acesso à aprendizagem em cada contexto tem sido um instrumento para que se construam respostas não padronizadas».

1.11 ELEVAR O NÍVEL DE LITERACIA NA APRENDIZAGEM

> Compreender é, para cada um de nós, tão importante como amar. É uma atividade que não se delega. Nós não deixamos para Casanova as solicitudes do amor. Não deixemos para os homens das ciências a compreensão que deve ser nossa.
>
> – Albert Jacquard

Elevar o nível de literacia na aprendizagem acarreta, na formação do aluno, a capacidade de saber compreender e julgar, a adquirir a autonomia consciente, a expressar opiniões; enfim, a desencadear o progresso pessoal, social, nacional e planetário. Dessa forma, ao utilizar a literacia escolar e cultural, o aluno pode gerir informação e competência para ler e conhecer o mundo globalizado.

O aprender protagonizando a literacia aprimora a personalidade, desenvolve a sensibilidade e o pensamento crítico, evitando a miséria cultural e a pobreza da aprendizagem.

Um exercício de aprendizagem sem compreensão, interpretação e comparação é uma banalidade vazia; é uma questão de iliteracia. Por isso, é necessário um ato de aprender que constitua um "oxigênio".

1.12 CONSTRUIR PONTES NA APRENDIZAGEM

> Aprendizagens sem a implicação vital dos aprendizes não são verdadeiras aprendizagens. As aprendizagens sustentáveis pressupõem necessariamente a qualidade, a pertinência e a relevância da formação ministrada.
> – Manuel Carmelo Rosa

Para Marguerite Altet (1999, p. 117-118), "É importante praticar aquilo que os investigadores americanos chamam de *bridging* – 'construir pontes' – e que consiste em pedir aos sujeitos em aprendizagem, após o domínio de uma noção ou de um processo, que procurem eles próprios situações onde a podem encontrar e utilizar".

O ensino-aprendizagem desprovido do essencial cobre o aluno de necessidades transitórias, descartáveis.

1.13 "GANHAMOS A BATALHA DA PRESENÇA, MAS FALTA GANHAR A DA APRENDIZAGEM"

O pensamento faz a grandeza do homem.
– Pascal

António Nóvoa (2014, p. 2-3), enquanto consultor da Unesco sobre a formação de professores no Brasil, proclamou que em Portugal, o que podemos estender para o Brasil: "Conseguimos criar uma escola onde estão todas as crianças e jovens (no Brasil quase todos), mas não conseguimos ainda uma escola onde todos aprendem, ou seja, ganhamos a batalha da presença, mas falta ganhar a da aprendizagem.

Ouvimos ideias como 'O meu filho não tem cabeça para os estudos', 'nem todos podem ser doutores', e até que a ciência não era para ser feita por nós, mas pelos outros povos. Por isso, Eça de Queiroz dizia que a cultura e a ciência nos ficavam caríssimas, pois tínhamos que pagar direitos de alfândega".

Enquanto em *Hamlet* o espectro da sabedoria pontifica, a aprendizagem, em certos contextos e em certos lugares, delega poderes ao fantasma do obscurantismo.

Daí Francis Bacon profetizar que «conhecer é poder».

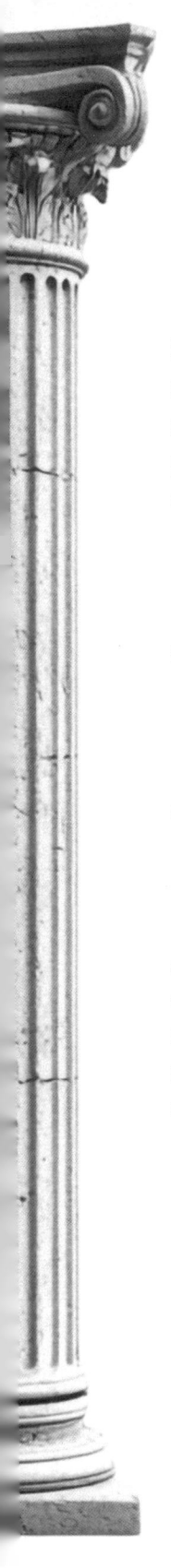

O único indivíduo formado é o que aprendeu a aprender, a adaptar-se e a mudar, é aquele que compreendeu que nenhum conhecimento é certo e que só a capacidade de adquirir conhecimentos pode conduzir a uma segurança fundamentada.
– *Carl Rogers*

O homem é uma máquina de aprender.
– *François Jacob*

Aprender é uma diminuição da dependência.
– *Benoît Bunico*

Aprender torna-se um enriquecimento tanto do ser, como do ter. E, ao mesmo tempo, ou independentemente, segundo os indivíduos, um prazer, uma paixão, uma emoção, um desejo, uma alegria ou uma aventura, ou um reconhecimento.
– *André Giordan*

Cabeça de Sócrates
Por Lysippos
Século I a.C.

CAPÍTULO 2

APRENDER É UMA "VERDADEIRA FORTUNA"

2.1 O QUE VEM A SER APRENDER?

> Aprender é um imperativo de emancipação do povo.
> – D. Hameline

> Não consigo imaginar conhecimento mais bem-aventurado que este: devemos tornar-nos principiantes. Alguém que escreve a primeira palavra depois de um longo traço [travessão] de muitos séculos.
> – Rainer Maria Rilke

Aprender para Deleuze (1988, p. 271) "vem a ser tão-somente o intermediário entre não-saber e saber, a passagem viva de um a outro. Pode-se dizer que aprender, afinal de contas, é uma tarefa infinita, mas esta não deve ser rejeitada para o lado das circunstâncias e da aquisição posta para fora da essência supostamente simples de saber como inatismo, elemento *a priori* ou mesmo ideia reguladora".

Aprender é um direito, um dever, uma experiência-teste. No mundo escolar, não existe objeção de consciência, como proclamou François Closets na sua obra *A Felicidade de Aprender*. Aprender é uma disciplina; os saberes validados e reconhecidos são, na sua essência, aqueles que adquirimos na escola.

Closets (2002, p. 37) afirma e questiona: "nunca se aprendeu tanto, é verdade, mas será que nos enriquecemos e nos realizamos na mesma proporção?".

Na linha de importância da descoberta, do aprender, importa tornar-se vulnerável à tentação do desconhecido.

2.1.1 O que significa aprender?

> Aprender significa sair permanentemente das normas habituais ou das evidências do pensamento.
> – André Giordan

Para André Giordan (2007, p. 82), "'O aprender' significa, mais do que nunca, domínio... Aprender, sendo domínio, deve permitir uma abertura permanente... Mas um domínio acompanhado de busca permanente, de uma necessidade de se superar, mesmo uma necessidade de se transcender.

"Aprender abre uma infinidade de outras vias. Aprender pode tornar-se um novo 'modo de vida': a arte de manter até a idade adulta 'este fogo' que Montaigne queria acender na criança. Este pode simplesmente servir para uma pessoa 'não enferrujar' e estar disposta a despontar novamente, ou para que a pessoa possa evoluir permanentemente".

Onde, quando, de que forma se aprende? Como se dá a aprendizagem? Como se processa a aprendizagem em relação ao contexto geográfico-humano, comunitário, nacional e universal? O que é preciso para que o ato de aprender se concretize?

Guilherme de Oliveira Martins diz que a capacidade de aprender é a chave de desenvolvimento na sociedade contemporânea. É importante criar relacionamentos qualitativos e aprender a aprender sempre.

2.2 APRENDER A APRENDER

> Urge aprender a aprender,
> aprender a ser,
> aprender a viver,
> aprender a saber,
> aprender a conhecer,
> aprender a fazer,
> aprender a desaprender,
> numa aprendizagem global e permanente
> ao longo da vida.
> – Ione Marisa Menegolla

2.2.1 É grandioso quando "a ideia rebenta o invólucro"

> Depois que se aprende, há muita coisa
> que se é capaz de fazer.
> – Ernest Ropiequet Hilgard

É fato que a didática de aprender tenha tantos olhos quanto os da história, do tempo, do espaço, das linguagens, dos mitos, das religiões, das ciências, da humanidade. Tantos olhares quanto os do salto para outros mundos, para outras culturas.

Guilherme de Oliveiras Martins (2014, p. 3) destaca "a generosa e exigente ideia de Roberto Carneiro, de fazer da relação entre culturas uma força motivadora capaz de tornar a aprendizagem e a troca que ela pressupõe uma força emancipadora".

Para nós, aprender num sentido plural é adquirir passaporte para o universo.

2.3 COMPREENDER O ATO DE APRENDER

Mais vale ouvir a floresta crescer do que a árvore a cair.
– Friedrich Hegel

Nas palavras de Rui Correia (2019, p. 4), "É verdade que tudo o que é feito em educação, de forma consistente e duradoura, produz resultados categóricos. Os gregos chamavam a isto a *epoché*, a suspensão dos juízos. Sugiro que recorramos a esta exigente matriz da Antiguidade para compreender o ato de aprender".

Precisamos promover tanto o sucesso educativo quanto o sucesso do ato de aprender. Porém, não podemos ignorar e descuidar do insucesso de ambos.

Friedrich Nietzsche, por exemplo, concebe o ato de aprender não como uma meta, mas como uma ponte, e o homem um aprendiz numa transição, como em um labirinto, sobre uma corda, em um abismo. O que o caracteriza é o perigo de transpor o abismo, o perigo de estar a caminho, o perigo de olhar para trás, de tremer e parar.

É esse trânsito repetitivo e nunca acabado que diferencia, que singulariza o aprendiz.

2.4 A IDEIA DE APRENDER COM UM FAZER

> É mister recordar que, ao guardar o que se nos diz, devemos ao mesmo tempo fazer o exercício de aprender e de saber buscar.
> – Plutarco

Ensina-nos Rodolfo Mondolfo (1972, p. 122), que "Xenófanes ressalta a importância essencial que tem o esforço realizado pela vontade humana no processo do desenvolvimento cognoscitivo: é mister buscar para encontrar e a busca implica a tensão do esforço como condição de todo descobrimento e avanço dos conhecimentos tal como o havia dito Hesíodo e Sólon e como volta a dizê-lo mais tarde Epicarmo 'ao preço de trabalhos os deuses nos vendem todos os bens'.

"A ideia de conhecer com um fazer vai-se alinhando desta forma com Xenófanes; mas a primeira afirmação expressa de orientação voluntarista em relação com o problema gnosiológico aparece em Heráclito. A possibilidade do conhecimento e da compreensão da verdade se acha condicionado por uma comunicação de inteligência individual com o logos universal do qual é parte".

2.5 APRENDER A CONHECER, FAZER E VIVER COM OS OUTROS

> Mais do que aprender durante todos os anos da vida, o importante será que o aprender se faça com a vida.
> – Roberto Carneiro

Em relação ao Relatório Delors (1996), contempla Roberto Carneiro (2003, p. 38), "os catorze comissários, provindos das mais diversas origens geográficas e culturais, acabaram por propor um quadrilátero sustentador das futuras aprendizagens. O pilar do **aprender a ser** surge naturalmente – e neste contexto – como integrador das outras três aprendizagens enunciadas – conhecer, fazer e viver com os outros – no que tal convergência aporta como valor acrescentado de sentido da vida e do mundo".

2.6 APRENDER A SER, APRENDER A SABER

Kickbusch (2012, p. 41 e p. 61) salienta "a base da educação centrada no ser humano está relacionada com os quatro pilares da educação, mais particularmente com 'aprender a ser' e 'aprender e saber'. O bem-estar, em todos os seus aspectos, exige também a capacidade de aprender competências e capacidades específicas que são necessárias para uma vida satisfatória. Está claro que a aprendizagem ao longo da vida, a partir da primeira infância e expandindo-se para além dos tradicionais 'anos de escolaridade', tem de se tornar a norma aceite quando abordamos a ligação entre aprendizagem e educação".

2.7 AJUDA-ME A APRENDER A PENSAR POR MIM MESMO!

> A criança constitui simultaneamente uma esperança e uma promessa para a humanidade.
> – Maria Montessori

Sofia Nascimento Rodrigues (2023, p. 243) sustenta e pergunta: "a criança necessita de aprender a pensar, mas como se ensina a pensar? Maria Montessori dizia que para pensar é preciso perguntar. Perguntar é quase a primeira da nossa experiência consciente, é necessário suscitar a dúvida como algo essencial na aprendizagem. A dúvida e as perguntas são grande parte dos fatores que permitem despertar o interesse pelo conhecimento".

2.8 APRENDER PARA EVITAR O "COLONIALISMO INTERIOR"

> Revelamo-nos, por vezes, agentes de um colonialismo interior, difuso e penoso, mas não menos sufocante, confundindo o "não sei nem conheço" com o "não há nem existe".
>
> – Pedro Calafate

Mandolfo (1972, p. 71) refere: "Sócrates é quem confirma esta lei anterior, para a qual provavelmente introduziu no idioma de Atenas a nova palavra *eukrateia* (adotada logo, tanto por Platão como por Xenofonte e Isócrates), que significa autodomínio e traz consigo implícito um novo conceito de liberdade interior".

2.9 APRENDER SOB O LEMA ARQUIMEDES, COM UM COMPASSO E UMA LIRA

> As emoções são os primeiros pilares da aprendizagem. Emoções e cognição interagem harmoniosamente no cérebro para orientar a aprendizagem.
>
> – Dumond, Istance e Benavides

Aprender a viver, tendo em harmonia e razão e o lúdico. O pensamento aliado ao coração e este à mente. O lema do Arquimedes – um compasso e uma lira – pode ser adaptado ao universo da intelectualidade da aprendizagem antiga e da pós-moderna.

2.10 O APRENDER NA GERAÇÃO ATUAL

> De um modo ou de outro, qualquer experiência é um ensinamento se uma pessoa lhe souber dar sentido.
> – Francisco A. Hernández

Fazendo referência à geração atual, Joana Gonçalves de Sá (2023, p. 17) assevera: "se a existência de grupos de pessoas que acreditam em tudo é um grande problema, a existência de uma geração que não acredita em nada, e para quem os meios de comunicação social 'são todos iguais', não deve ser menos preocupante".

2.11 APRENDER A QUESTIONAR O QUE JULGÁVAMOS E JULGAMOS SABER

> Depois de ter percorrido o círculo estreito do seu vão saber, é necessário acabar por onde Descartes tinha começado: Eu penso, logo existo. Eis tudo o que sabemos.
> – Rousseau

Com o título "Eduardo Lourenço: aprender e desaparecer", Helder Macedo disserta sobre os temas daquele escritor. Para Helder (2013, p. 7), Eduardo Lourenço "é um pensador do impensado. O seu pensamento vai além das aparências. A suprema maestria de Lourenço reside na sabedoria com que nos faz desaprender muito do que julgávamos saber".

Fernando Pessoa também tratou da questão de uma aprendizagem do desaprender. Recuando no tempo, encontramos essa arte de questionar o que julgávamos e julgamos saber no magistério de Sócrates.

2.12 OS MODOS TRADICIONAIS DE APRENDER CONVOCADOS A UMA URGENTE REFLEXÃO

> Aprender e Ensinar na Sociedade do Novo Conhecimento não são funções antinômicas. Como bem apreciava Sêneca, há muitos séculos.
> – Roberto Carneiro

Na avaliação de Roberto Carneiro (2003, p. 23), "O século XXI só é comparável ao século XVI, o da inauguração do nosso cosmos e da descoberta do 'exótico', como bem retratou o Florentino Américo Vespúcio na célebre obra *Mundus Novus*. Esta ânsia de mudança, este culto de inovação, afetam em profundidade os modos tradicionais de aprender, os quais são convocados a uma urgente reflexão".

2.13 CRIAR UMA CULTURA QUE TORNE A ARTE DE APRENDER INEVITÁVEL

> Como ter ideias sem o calor do desejo para elas?
> – Vergílio Ferreira

André Giordan (2007, p. 245) sentencia: "A sede de aprender torna-se um recurso vital numa sociedade forçada a inovar. Está nas nossas mãos aproveitar as oportunidades, ou pelo menos manter os olhos abertos para não as perder. O próximo século terá os contornos de um mundo onde os valores não mais se imporão à priori, mas reclamarão serem fundamentais. O desafio epistemológico é incontornável".

Há uma metamorfose no processo ensino-aprendizagem. Isso acarreta potenciar competências de aprendizagens, repensar os seus alicerces e criar uma cultura que torne a arte de aprender inevitável; um entendimento da complexidade de aprender, vendo a aprendizagem como um repositório de ideias e de temas. Implica também aprender com as diferenças e com os diferentes.

2.14 APRENDER A SER POTENCIALMENTE CRIADOR

> A imaginação, como a fé, pode mover e muitas vezes move montanhas.
> – *Victor Wagner*

Na análise de Alex F. Osborn (1972, p. 31), "Tendência que milita contra a criatividade e o desejo de 'conformar-se'. Com ele vem a maldição do convencionalismo, e a 'convenção é o grande inimigo da originalidade'. O temor de parecer 'absurdo' vai de mãos dadas com o desejo de não parecer diferente. Este obstáculo ergue-se no caminho de muitos que pretendem educar a imaginação.

"Tudo quanto precisamos fazer é convencer-nos da verdade de sermos potencialmente criadores, e de que quanto mais pensamento criador realizamos e quanto mais ideias apresentamos, tanto mais competentes nos tornamos".

2.15 EM QUE CONSISTE APRENDER A CONHECER?

> Conhecer não se resume a reconhecer, "ler" categorias já estabelecidas na natureza, mas, em primeiro lugar, a estabelecer estas categorias.
> – Jean-Pierre Changeux

Para o cientista Jean-Pierre Changeux, «a audácia de saber não tem limites. É uma das características mais sedutoras da investigação científica». O conhecimento de nós mesmos e do mundo nos torna soberanos.

Claude Lefont aufere: «os que têm desejo de conhecer têm necessariamente o de se entreconhecer».

2.16 A INDEPENDÊNCIA É CONQUISTADA PELO EXERCÍCIO DO APRENDER A CONHECER

Otávio César propõe a Marco Antônio, general romano, que em lugar de levar os prisioneiros das terras conquistadas à Roma, como escravos, os romanos levassem aos derrotados a arte, a História, a língua, a crença, a cultura romanas e lá se estabelecessem. Com este procedimento, na visão transcendente de Otávio, os derrotados, os prisioneiros se tornariam livres, dado o acesso à cultura romana, ao conhecimento adquirido. Conforme Otávio, este homem de antevisão da mundialização do saber, a educação, no caso a romana, tinha o poder de fazer de perdedores vencedores.

Ao referendarmos o valor da ação de Otávio Augustus, imperador romano, sublinhamos a importância relevante do seu exercício à frente de um grandioso império, voltado para a formação dos cidadãos, mesmo em se tratando de vencidos. Otávio sabia que ser vencido numa luta armada não significa ser vencido na vida. Sabia que a maior violência não é a física, mas a de não proporcionar uma aprendizagem elevada.

Ensina-nos a história que o verdadeiro escravo é aquele não premiado para ter acesso à educação e que a independência é conquistada pelo exercício do conhecer para comparar e de comparar para conhecer, face a uma consciência esclarecida.

2.17 APRENDER A CONHECER A VIDA

Na obra *Fausto*, de Goethe, Mefistófeles, em contato com o Fausto, diz-lhe:

> "Aconselho-te a que faças como eu,
> E te aperaltes, sem que falte nada,
> Para liberto, já de seguida,
> Aprenderes a conhecer a vida".

Aprender a conhecer a vida, do ponto de vista de Mefistófeles, significa que Fausto se desfizesse dos tabus e barreiras da sociedade de então, para seguir o seu *alter ego*, a sua outra face, fazer desaparecer as suas hesitações, para poder criar, para desfazer as suas frustrações.

2.18 APRENDER PARA A MUDANÇA

> É um verdadeiro milagre ver que os métodos modernos da instrução ainda não atabafaram a sã curiosidade intelectual; este pequeno planeta delicado, mais do que um encorajamento, tem sobretudo necessidade de liberdade, sem a qual ele definha e não deixa de perecer.
> – Albert Einstein

Rita Basílio (2016, p. 134) desenvolve o raciocínio de que "Estratégias educativas promotoras do pensamento autônomo e criativo, autorreflexivo e crítico, lúdico e flexível, indispensável ao pleno desenvolvimento emocional e intelectual de um ser humano educado para a mudança".

> Deem à criança o desejo de aprender e qualquer método será bom.
> – Jean-Jacques Rousseau

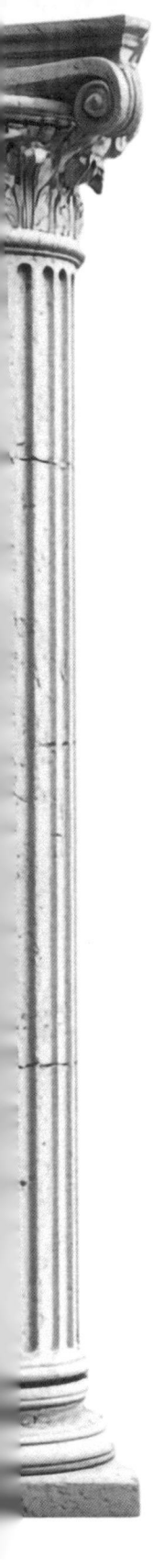

Na verdade, a educação ao longo da vida está condicionada ao surgimento de uma geração de aprendentes, ou seja, de pessoas que convivem agilmente com culturas de aprendizagem, que dominam importantes aptidões metacognitivas e que estão preparadas para dar sentido a um mundo complexo e incerto.

– Roberto Carneiro

Busto de Platão
Por Silanião

CAPÍTULO 3

APRENDIZAGEM GLOBAL E PERMANENTE AO LONGO DA VIDA

> Há uma lição em tudo o que acontece, e aprender com essa lição permite-nos continuar a progredir.
> – Oprah Winfrey

Alexandre Quintanilha (2002, p. 25) argumenta: "A ideia, por exemplo, da aprendizagem ao longo da vida foi uma ideia muito debatida por John Dewey no princípio do século vinte, em 1916, em que há uma ênfase muito grande no indivíduo continuar a aprender durante toda a sua vida. A sociedade de aprendizagem é outra ideia que aparece em 71 com Schon e em que a ênfase está na sociedade".

Assim sendo, o aluno deve aumentar as escolhas que estão ao seu alcance, não apenas as que lhe são oferecidas, mas também as que estão no seu desenvolvimento. Pensamos em um ensino que proporcione ao aluno vocacionar-se para a aprendizagem. Vocação alicerçada em uma constante (re)construção de aprendizagem, da informação qualitativa, do conhecimento, acelerando a marcha de formação ao longo da vida.

Aprendemos com Roberto Carneiro (2011, p. 12) que "A educação deixa de ser equivalente ao desenvolvimento de meros operações mecânicas, objeto de repetição dia sobre dia".

3.1 ESTIMULAR A APRENDIZAGEM DE COMPETÊNCIA AO LONGO DA VIDA

> Santo Agostinho afirmava a existência de um desejo de aprender. E Jordan Litman pressupõe que o desejo de aprender é uma pulsão fundamental do ser humano.
> – Martine Fournier

Carlos Pinheiro (2023, p. 257) faz-nos ver que "a recomendação da Comissão Europeia de 2009 sobre literacia mediática propunha que os estados-membros equacionassem a inclusão de disciplina de educação para os *media* no programa escolar obrigatório e de literacia mediática nas competências essenciais para a aprendizagem ao longo da vida".

3.2 APRENDIZAGEM PARA O INVISÍVEL E PARA O IMPREVISÍVEL

> O mais difícil de aprender na vida é saber que pontes temos de atravessar e que pontes temos que queimar.
> – Bertrand Russel

Torna-se necessário enfatizar, na linha de pensamento de Maria José Amândio, a importância do processo de aprendizagem contínuo num ambiente informativo em permanente mutação. Na visão de Rodrigo Queiroz e Mello (2015, p. 6), faz-se mister um novo modo de ensinar, porque "a vida vai ser algo absolutamente imprevisível e temos de dotar as crianças e jovens de novas competências para lidarem com a incerteza. Esta é também a questão da aprendizagem invisível, e a maneira como se pode aprender de modos 'invisíveis' – por que até agora desconhecidos".

Nesta era planetária, digital e líquida, o futuro de todos não é conhecido, é incerto. Desse modo, o ensino-aprendizagem para o previsível não dota os alunos de novas competências para lidarem com a incerteza.

Não é tempo nem hora, nem território físico-humano para processar-se uma aprendizagem previsível, nem para organizar currículos para longo tempo, nem preparar o aluno para um caminho certo. A aprendizagem tem que ser permanente e renovada para o longo da vida.

O ensino-aprendizagem da desconfiança pedagógica é um exercício para desatar o nó demagógico das evidências, das certezas, das promessas e juramentos, «que nenhum Alexandre imaginou mais cego», como refere Eduardo Lourenço.

3.3 NÃO MENOS QUE SABER, DUVIDAR AGRADAVA A SÓCRATES E A DANTE ALIGHIERI

> Onde está o conhecimento que perdemos na informação? Onde está a sabedoria que perdemos no conhecimento?
>
> – T.S. Elliot

Não menos que saber, duvidar agrava a Sócrates e a Dante Alighieri. Já Edgar Morin proclama que é preciso «aprender a enfrentar a incerteza». Esse pensador, iniciador do pensamento complexo, preconiza uma aprendizagem planetária e que se mantenha uma vigilância autocrítica. Afirma que «é necessário aprender e incerteza, porque vivemos uma época em modificação onde os valores são ambivalentes, onde tudo está ligado».

Na vida, todas as conquistas são atiçadas pelas dificuldades, o que proporciona enfrentar as incertezas. No método de aprendizagem na errância e na incerteza humana, Morin defende exercício do pensamento complexo. Quanto a isso, Marc Fumaroli afirma: «nada é mais propícia à compreensão da complexidade das realidades humanas do que a compreensão».

Jacques Arduíno desenvolve a ideia de que «a aposta do pensamento complexo situa-se nas duas vertentes: científica e filosófica do conhecimento».

3.4 ARQUÉTIPOS DO NOVO CONHECIMENTO, PRIVILEGIANDO A FUNÇÃO APRENDIZAGEM AO LONGO DA VIDA

> Três arquétipos do novo conhecimento modelarão as fases seguintes nas teorias do conhecimento: caos, complexidade e consciência.
> – *Roberto Carneiro*

Na exploração da diversidade, no enquadramento das diferenças globais, a identidade do aluno, não só a pessoal, mas necessariamente, hoje, na pós-modernidade, a cultural vai se formando na sua aprendizagem ao longo da vida, conforme a pluralidade do ser, dos temas, das ideias, da cultura. Pois "a uniformidade afasta a riqueza das ideias".

Acreditamos que a aprendizagem, quando é um porto, não se atravessa, é direção que se mantém, desde antes do útero materno, e para sempre, para além. Pensamos em um ofício precoce do ser humano que já nos primeiros sinais de vida começa aprender a aprender. Uma aprendizagem transversal. Roberto Carneiro (2011, p. 13) refere "Uma maior relação de aproximidade entre o exercício de procura de saberes e as correspondentes fontes primárias – na educação inicial, mas sobretudo na educação contínua ao longo da vida – tem levado a uma descentragem da escola relativamente à função ensino no sentido de vir privilegiar a função aprendizagem".

> Se ver é enganar-me
> Pensar um descaminho,
> Não sei, Deus o quis dar-me
> Por vontade o caminho.
> – *Fernando Pessoa*

Eu sou uma parte de tudo o que li.
 – *John Kieran*

Ensinar as pessoas a ler para que acreditem no primeiro papel impresso que se lhes ponha na frente não é senão prepará-las para uma nova escravidão.
 – *J. Guéhenno*

É possível transformares em arma a tua mão.
 – *Manuel Alegre*

Busto de Homero
Autoria desconhecida
Século II d.C.

CAPÍTULO 4

A FUNÇÃO QUE A LEITURA DESEMPENHA NA APRENDIZAGEM

> Enquanto Literatura Menor, a literatura infantil é precisamente aquela que inventa a criança que a lê, isto é, inventa a criança por vir.
> – Rita Basílio

4.1 A LEITURA É UMA ARMA

A aprendizagem e a prática da leitura são atemporais e inacabadas. O exercício da leitura é uma fonte de produção de saber e de alargamento de horizontes.

A leitura é uma ponte intelecto-ético-sensível-espiritualizada para o contato entre culturas diferentes e para cruzamentos de aprendizagens. A escrita e a leitura produzem uma autonomia expressiva no leitor e uma mundialização do saber. Consideramos a aprendizagem para ler e reler como "precaução imunológica" face às doenças da ignorância passadas, presentes e futuras.

Alex. F. Osborn assevera que para tirar o maior proveito da leitura é indispensável selecioná-la. Nas palavras de Osborn (1972, p. 58), "As pessoas em sua quase totalidade deixam o espírito servir tão-só de esponja durante a leitura. Ao invés dessa possibilidade, Elliott Dunlap Smith, da Universidade de Yale, recomenda esforço ativo – 'bastante energia para que se exerça o poder do pensamento criador'".

O escritor e filósofo alemão Jürgen Habermas, na Conferência proferida sobre "Os livros e a leitura", em seminário na Fundação Calouste Gulbenkian, em outubro de 2013, sustentou que a aprendizagem da leitura deve se dar com competência, como expressão de literacia, inclusive para ler os livros digitais.

Como proclama Georges Jean (1978, p. 54-55), "Queremos ser nós no texto e pelo texto, [...] queremos falar conosco no texto e falar aos outros igualmente, [...] eis um projeto fundamental de toda a leitura que deveria permitir a cada homem e primeiramente a cada criança transformar-se no que são num mundo em que a leitura é uma arma".

O apetite da leitura deve ser satisfeito se não desaparece. Ler e compreender o que se lê é uma necessidade imperiosa. Além de todas as vantagens, a leitura contribui para a formação intelectual, da personalidade e onírica.

George Jean considera que «o ato de leitura é um ato que diz respeito à temporalidade e ao devir da pessoa». A leitura evita o analfabetismo e as carências a que ele arrasta.

O tempo para ler nasce no interior de cada um, aliado a uma motivação de fora. Tanto o tempo determinado pela necessidade quanto o tempo reservado à leitura lúdica são de aprendizagem.

Caso o prazer de ler não brote espontaneamente do interior da pessoa, ele pode ser provocado.

4.1.1 O triunfo da aprendizagem de leitura sobre a morte do saber

Inês Sim-Sim afirma que a «aprendizagem de leitura constitui-se como um rito de passagem para o ingresso no clube das sociedades letradas». Não podemos ignorar que não há cultura literária sem a aprendizagem de leitura.

À política de leitura está reservado um iniludível papel regulador, cuja importância cresce na exata proporção em que a convocação para ler assume uma responsabilidade leitora.

O ato da leitura contempla as vantagens na formação pessoal e intelectual. É como uma mercadoria espiritual, escreve Santo Agostinho na sua obra *Confissões*. É, pois, um alimento do espírito.

Na ideia de Alberto Manguel, ler e escrever faz-nos humanos. Na perspetiva de António Barreto, os livros são indispensáveis. No entanto, diz ele: «o 'fetichismo' da modernidade acabou por fazer esquecer o caráter indispensável da leitura».

4.2 A LITERATURA COMO UM BEM CULTURAL NO ENSINO-APRENDIZAGEM

> A aprendizagem da leitura é inseparável da formação do pensamento e do desenvolvimento do espírito crítico; saber ler constitui, pois, o resultado de toda uma educação, educação essa que nunca se pode dar por concluída.
>
> – Gaston Mialaret

Hillis Miller (1995, p. 84-85) discorre sobre a importância de perguntas e respostas feitas e dadas pela cultura das leituras literárias no ensino-aprendizagem: "devemos ter a ousadia de perguntar se a teologia do *Paraíso Perdido* é ou não é estarrecedora, se Sófocles está certo sobre a vida humana e como devemos agir no dia a dia se ele estiver certo. Todos nós sérios ou inconsequentes temos nossos pensamentos emaranhados em metáforas, e agimos fatalmente por força delas e que o nosso ensino de língua ou literatura deveria ser, se isso for verdade; e assim por diante para cada uma das obras que escolhemos para ensinar ou aprender. Não importa que mudanças possam ser ocasionadas por essas perguntas – e se elas seriam consideráveis; é unicamente através dessas perguntas e das respectivas respostas que a literatura poderá passar a ocupar uma posição diferente de sua posição periférica na Universidade ou Faculdade contemporânea".

4.2.1 Da leitura à ação pedagógica na aprendizagem

> A excelência na nossa reação aos livros, tal como a excelência em múltiplas outras coisas, não pode existir sem experiência e disciplina, e está assim vedada aos muito jovens.
>
> – C. S. Lewis

O nosso tema da leitura prende-se como um trabalho pedagógico enriquecedor da aprendizagem. Pois a atividade de leitura é uma prática pedagógica.

Nos modos de ler, diz C. S. Lewis (2003, p. 23): "O que foi encarado como ligeireza, com ligeireza o terá, o que foi gravemente, gravemente será lido. Desfrutará de uma obra fútil como fútil e de uma tragédia como uma tragédia. Nunca cairá no erro de mastigar chantili como se fosse carne de caça". Em todas as coisas, em todas as escolhas não devemos elevar à categoria de excelência o que não possui distinção, o que não é dotado de qualidades meritórias.

4.3 "A LITERATURA OCUPA UM LUGAR-CHAVE NA EDUCAÇÃO DAS PESSOAS"

> A literatura ganha projeção sobre as demais áreas de conhecimento quando se torna o lugar de onde emana uma épica nacional.
> – Alcir Pécora

De acordo com a ideia de Guilherme de Oliveira Martins (2019, p. 28), "A literatura é a chave da arte de aprender. Não se trata de fechar a literatura sobre si mesma ou sobre simplificações, mas de abrir horizontes para vários saberes".

A aprendizagem do literário pode mostrar ao aluno uma realidade dentro da outra. Pode proporcionar, pela experiência com a realidade literária, os inúmeros acessos e possibilidades de criação e recriação; por conseguinte, é um modo de se conectar com a vida.

Podemos formar alunos-leitores autônomos e assíduos. Sabemos que a literatura convoca a pensar. Sara de Almeida defende o pensar em termos reflexivos, críticos e recreativos, e sustenta que é «pelo pensamento que nos construímos como pessoas». Acrescenta, nesse raciocínio, que é no convite à reflexão que reside a força e o poder da literatura.

Podemos deduzir que a ficção se põe como uma ligação intelecto-afetiva entre as pessoas.

4.3.1 A literatura é como alavanca de transformação do leitor e do mundo

> Socialmente, a leitura (a atividade de leitura) é um modo privilegiado de aquisição de conhecimento, do patrimônio cultural acumulado, de formação das capacidades de análise e síntese.
>
> – GFEN

Uma pedagogia de leitura responsável se converte em uma das nossas propostas de modalidade de ação, com práticas de leituras, com gestos individuais regulares, atentos, intensivos; não desprovidos de orientação técnica. Leituras que não estejam amarradas a ideologias, não se encontrem a reboque de causas partidárias; que não sejam pseudoliterárias; enfim, leituras independentes.

De fato, significa que a escolarização da leitura tenha autonomia para superar o poder de discursos alheios à formação do aluno competentemente emancipado. Cabe à pedagogia da leitura desfazer-se da vigilância pública, privada, demagógica. Do mesmo modo, as obras criadas, escolhidas, lidas não devem estar submetidas a exigências de mercado e/ou à ganância das publicações comerciais nem ao poder da moda.

4.3.2 Só uma boa aprendizagem da leitura pode destruir as barreiras que separam o livro do leitor

> É sempre bom lembrar aos alunos de literatura que têm asas e que podem fazer bom uso delas – e os mais inteligentes não esquecerão que são também escaravelhos.
>
> – Isabel Castro Silva

A preocupação maior daquele que ensina a criança a ler, faz ver Hélène (s.d., p. 35): "é fazer durar o prazer e persistir na procura muito para além dos tempos desta aprendizagem porque não se pode construir nada que se não apoie nesta procura da criança. Só esta procura, se for presente e durável, permite franquear a pouco e pouco todas as barreiras que separam ainda o livro do leitor".

Isabelle Yan chama a atenção para o fato de a criança estar disposta «à agressão do matraquear publicitário e aos mecanismos repetitivos de uma literatura anestesiante».

Cimaz argumenta: «a leitura é um ato eminentemente cultural, social».

4.4 APRENDIZAGEM MUNDIAL ATRAVÉS DA LEITURA

> Con la escritura de *El Quijote de la Mancha* se constata la transferencia cultural entre Oriente y Occidente, iniciada a través de la poesía.
> – Angélica Sara Zapateiro Lourinho

4.4.1 Edificar o espírito para a leitura

Na abertura da Conferência Internacional de Educação, intitulada "Os livros e a leitura: desafios da era digital", na Fundação Calouste Gulbenkian, o Diretor Manuel Carmelo Rosa discorreu sobre alguns tópicos de temas educativos.

Carmelo Rosa (outubro de 2013) assinala: "A leitura é uma prática indissociável da atividade educativa desde os primórdios da existência de formas organizadas de ensino e corresponde, desde o aparecimento do livro impresso no século XV, a uma atividade regular e sistemática do processo educativo nas suas modalidades forma e informal. Trata-se, assim, de matéria que se inscreve no vasto campo educativo. Já no final da época grega arcaica (começos do século V a.C.) se encontram referências ao mestre de ler e de escrever que conjuntamente com os mestres de educação física e de música se encarregavam da formação das crianças e dos jovens, pretendendo que alcançassem a excelência moral e física, desenvolvendo o corpo com os exercícios apropriados e edificando o espírito com a leitura e o canto.

"No período que antecedeu o aparecimento do livro impresso, o ensino ministrado nas escolas monásticas ou nas escolas episcopais era suportado em textos extraídos dos códices que os monges redigiam, copiando-os de outros e que os mestres seguiam.

"O aparecimento do livro impresso, que correspondeu a uma mudança tecnológica importante, contribui para o reforço da leitura no processo educativo em geral e nas suas diversas modalidades".

A literatura pode resumir toda a cultura de uma época no processo de aprendizagem. No entanto, a civilização do livro cedeu lugar a uma civilização da era digital.

4.5 O QUE RESTA À APRENDIZAGEM LITERÁRIA?

É sabido que a geração dita "rasca" deve a sua "rasquice" ao fato de não ler.

– Carlos Ceia

Carlos Ceia (1999, p. 35) observa: "Na teoria epistêmica de Platão, aprender é recordar e será através da demonstração desta tese que Sócrates resolverá o paradoxo de Ménon. Os nossos alunos parecem eles próprios desprovidos de memória, o que resta aos estudos literários? O que resta ao ensino teórico da literatura? O que resta à própria teoria antes de ser objeto de ensino?".

O que define as escolhas literárias do aluno, quando ele é preparado pela despreparação? A literatura pode ser ensinada, só que deve ser posta em prática.

No poder da leitura e da linguagem delineia-se a importância do ensino-aprendizagem na clarificação de pensamento. Para Gaston Mialaret, «a aprendizagem da leitura é inseparável da formação do pensamento e do desenvolvimento do espírito crítico».

Para nós, a leitura responsável é passaporte para a mundialização do conhecimento; e viajar pela leitura é ser um viajante da sabedoria.

4.6 O QUE SIGNIFICA SABER LER?

> Porque leem mal, leem pouco; porque leem pouco, leem mal.
> – *Inês Sim-Sim*

Na visão de Inês Sim-Sim (2007, p. 101), "Saber ler significa exatamente saber o que temos que escolher para extrair apropriada e eficazmente a informação. O desempenho de literacia conseguido depende da capacidade de escolha do leitor".

4.7 LER UM TEXTO DE PRAZER

> Texto de prazer: aquele que contenta, enche, dá euforia; aquele que vem da cultura, não rompe com ela, está ligado a uma prática confortável da leitura. Texto de fruição: aquele que coloca em situação de perda, aquele que desconforta (talvez até chegar a um certo aborrecimento), faz vacilar as bases históricas, culturais, psicológicas do leitor, a consistência dos seus gostos, dos seus valores e das suas recordações, faz entrar em crise a sua relação com a linguagem.
> – Roland Barthes

Roland Barthes (1975, p. 35), concebe "o prazer do texto: como o simulador de Bacon, ele pode dizer: nunca nos devemos desculpar, nunca devemos explicar. Nada nega: 'Desviarei o meu olhar, será agora a minha negação'".

> O prazer do texto é o momento em que o meu corpo vai seguir as suas próprias ideias – pois o meu corpo não tem as mesmas ideias que eu.
> O prazer do texto é isto: o valor passado para a categoria sumptuosa de significante.
> – Roland Barthes

Para a presente era, que prefere o retrato à coisa retratada, a cópia ao original, a imaginação à realidade ou a aparência à essência... Somente a ilusão é sagrada para esta idade, mas a verdade profana... pelo que o grau mais elevado de ilusão é para ela o grau mais elevado de sacralidade.

– *Ludwig Feuerbach*

Perseu com a cabeça da Medusa
Por Antonio Canova
1797

CAPÍTULO 5

A APRENDIZAGEM DA ACOMODAÇÃO. POR QUE TENTAR?

> O mau ensino é, quase literalmente, criminoso e, metaforicamente, um pecado.
> – *George Steiner*

5.1 QUANDO A APRENDIZAGEM É PELA RAMA

O nosso ensino-aprendizagem pós-moderno é uma babel não só linguística, mas acima de tudo de valores tradicionais.

Pela avaliação de George Steiner (2005, p. 16-17), "A educação moderna cada vez se assemelha mais a uma amnésia institucionalizada. Deixa o espírito da criança vazio do peso das referências vividas. Substituir o saber de cor, que é também um saber de cor(ação), pelo caleidoscópio dos saberes efêmeros; reduz o tempo ao instante e vai instilando em nós, até enquanto sonhamos, uma amálgama de heterogeneidade e de preguiça".

Constatamos, na contemporaneidade, a prática da didática da volúpia prazerosa, da pobreza de linguagem da fraqueza de espírito e da demência da razão. O aluno tem sido a personificação da degradação mental.

5.2 A APRENDIZAGEM DA ACOMODAÇÃO. "POR QUE TENTAR?"

> A educação não deveria ser tal que transformasse as suas vítimas em indivíduos incapazes de alguma vez terem um pensamento original.
> – Bertrand Russel

Lemos em *O Poder Criador da Mente*, de Alex F. Osborn (1972, p. 44): "A nova filosofia do 'Por que tentar?' importa em um complexo de 'Nada de correr riscos'. Quase todas as investigações, entre estudantes do último ano dos cursos superiores, trazem em primeiro lugar o emprego público. Mania semelhante, para situações mais seguras e mais fáceis, foi uma das causas do declínio de França segundo a opinião de Henri Le Châtelier".

Faz-se necessário, nesta época, um ensino-aprendizagem *phármakon*, pois o aluno está passando fome de ideias originais, críticas e autocríticas. De outra forma, o aluno encontra-se com indigestão de enfermidade cognitiva.

O ensino-aprendizagem precisa incluir nas suas metas o exemplo de Prometeu, mestre primordial de humanidade, filantropo de conhecimentos aos seres humanos. Perder de vista o mito de Prometeu é deixar vazios os limites do homem, o lugar de aprendizagens.

A visão de Prometeu é a da dor do limite entre a perda do amparo pela linguagem dos deuses e o acesso penoso da aquisição do saber humano.

5.3 UMA CULTURA DE COMBATE À IGNORÂNCIA, PRECISA-SE

> Nós não aceitamos mesas e cadeiras que tenham as pernas a cair, independentemente de quem as fez, mas instamos os jovens a estudar textos medíocres, sem pernas que os sustentem.
> – Harold Bloom

5.3.1 "O estudo da mediocridade, seja qual for a sua origem, gera mediocridade"

O crítico literário Harold Bloom (2014, p. 11) assevera: "O pensamento em grupo é a praga da nossa Era de Informação e é ainda mais pernicioso nas instituições acadêmicas obsoletas, cujo longo suicídio continua desde 1967. O estudo da mediocridade, seja qual for a sua origem, gera mediocridade. Thomas Mann, descendente de fabricantes de móveis, profetizou que a sua tetralogia de José perduraria porque era bem-feita".

Há fome e indigestão na aprendizagem. O aluno não pode morrer de fome tampouco de indigestão na sua aprendizagem. A fome caracteriza a falta, enquanto a indigestão resulta de um empanturrar-se de informações e de não saber digeri-las, nem retirar dos conhecimentos os significados.

5.4 URGE ABALAR A POLÍTICA DA ILITERACIA

> Os filhos de pessoas medíocres, quando crescem na ignorância, são como dançarinos que fazem seus saltos entre espadas.
> – Demócrito de Abdera

Há maremotos e terremotos na falta de inteligência e abalos sísmicos na ignorância. Aprender com responsabilidade inteligente é um modo de atravessar com segurança as areias movediças da miséria intelectual. É um modo de abalar a nossa passividade diante do défice de aprendizagem.

Devemos assinalar que a ignorância é diabólica e a sabedoria é sagrada. Aprender é essencial a todo o instante para ajudar o aluno a formar o seu eu. Mesmo porque a mudança de paradigma na sociedade é constante. Assim sendo, cumpre abalar a política da iliteracia.

5.4.1 Quando é perenizado o anti-intelectualismo

Valemo-nos do pensamento e das palavras de José Augusto Mourão para elucidarmos a questão do anti-intelectualismo. Afirma Mourão (2002, p. 8): "Quando se retém das ficções apenas uma apreciação intuitiva está-se a perenizar o anti-intelectualismo bem conhecido de aristocracia, e dos discursos da retaguarda, pelo culto que eles professam do prazer na arte".

O que era sólido na altura do Renascimento, na cultura atual dissolve-se. Camelo Distante se refere a Leonardo da Vinci como um reivindicador da elevada dignidade autônoma do saber.

5.5 HÁ INDIGÊNCIA DE IDEIAS NA DESATENÇÃO E NA DIFERENÇA RELATIVAMENTE À APRENDIZAGEM

Não podemos admitir a cultura do desinteresse pelos estudos e ao abandono escolar. Também não podemos aceitar a política do desistir dos alunos desinteressados. A justificativa de que a criança e o jovem não são dotados para os estudos é inaceitável em tempos de globalização. Nem aos pais e tampouco aos educadores cabe conformar-se com esses argumentos visto que a ignorância causa alienação.

Bem vê La Salette Loureiro (2015, p. 15): "o analfabetismo arrasta outros tipos de discriminação, nomeadamente social e econômica, podendo ser usado como estratégia de denominação".

5.6 O ACESSO À APRENDIZAGEM QUALIFICADA TEM ESTADO INTERDITADO

> Quando ensino, lanço as sementes.
> Espero para ver quem as apanha.
> Aqueles que as apanham, aqueles que lhes dão uso,
> são os que sobrevivem.
> O resto, pifft!
>
> – Nadia Boulanger

O pensador Guilherme de Oliveira Martins (2014, p. 31) pergunta: "qual o efeito das caricaturas do conhecimento e da aprendizagem, como se a simplificação e a infantilização fossem o caminho? O resultado é a pobreza vocabular, a confusão nos argumentos e conclusões e a indigência das ideias. Tudo isso tem a ver com a desatenção e a indiferença relativamente ao aprender e ao dizer".

A distinção pelo reconhecimento acadêmico já não é valor maior. Os alunos têm vindo a ganhar um fastio à apetência da aprendizagem culta. O ensino-aprendizagem tem gerido o imprevisível pedagógico da massificação, tem se tornado uma terra incógnita. Os grilhões de ignorância são os que mais prendem e mais paralisam a inteligência.

5.7 MÉRITOS E DEMÉRITOS NO EXERCÍCIO ENSINO-APRENDIZAGEM

Voltamo-nos para o magistério como uma paideia, visando a formação integral do aluno. É sabido que a formação do aluno é ancestral. Os cânones que nutriram o seu feto, embalaram o seu berço e alicerçaram a sua juventude poderão dar azo à sua glória e à nossa, visto que o sucesso de um depende do sucesso do outro.

Quer-nos parecer que todo o esforço no sentido de uma formação eficiente passa por uma retrospectiva educacional, a fim de revalidar profissionais, instituições, contextos, principalmente processar uma desescolarização das mentes desidratadas; para um salto no progresso em todas as direções e áreas de conhecimento. A base é a orientação da aprendizagem com inspiração brotada desde o interior do aluno.

Ignorar a raiz dos problemas, defeitos e erros didáticos da educação implica um ensino-aprendizagem com défices na formação do aluno.

Em nome da competência, defendemos uma aprendizagem não romântica, nem espartana, tampouco movida pelo lúdico. Investimos numa aprendizagem em que a razão e a emoção se harmonizem.

Exorcizamos a aprendizagem não responsável, por intoxicar o aluno. Não podemos tolerar uma aprendizagem que trate como simples o que é complexo. Ela não tem que ser acanhada, com uma prática limitada.

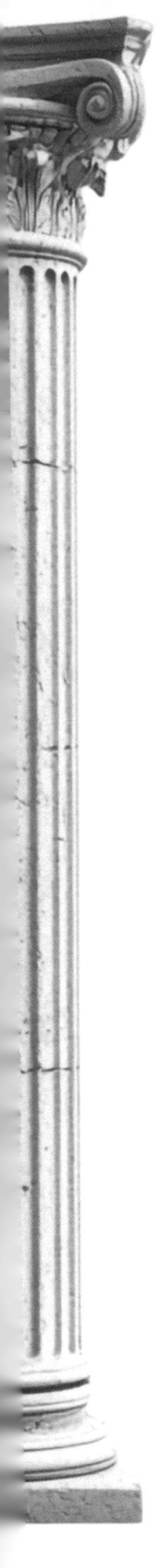

Macbeth, mais que qualquer outra peça de Shakespeare, é uma peça de crises, e o seu começo é uma imagem para a aparentemente atemporal agonia dum momento em que os tempos se cruzam.
— Frank Kermode

Somos sujeitos permanentes de uma palavra que nos possui, sem dúvida. Mas sujeitos em processo, em perda incessante de nossa identidade, desestabilizados pelas flutuações dessa mesma relação ao outro, cuja homeostase nos mantém entretanto unificados.
— Julia Kristeva

Verdadeiramente, embora o nosso elemento seja o tempo, não estamos adaptados às longas perspectivas que em cada instante de nossa vida se nos abrem. Elas ligam-nos às nossas perdas.
— Philip Larkin

Facto é que todas as artes [humanas] que visam a cultura constroem vínculos de coesão e se sustentam entre si por um parentesco qualquer.
— Cícero

Heráclito
Autoria desconhecida
Século II d.C.

CAPÍTULO 6

APRENDIZAGEM EM QUE SE ARTICULEM SABERES PLURAIS

6.1 APRENDIZAGEM DE "AS SETE MÁXIMAS"

Os sábios, discípulos da educação lacedemônia, consideravam que era próprio de um homem educado interessar-se pela Filosofia do Lacônios.

Platão (1982, p. 398-399) ensina-nos: "Entre os lacônios contavam os autores de 'As Sete Máximas': Tales de Mileto, Pítaco de Mitilene, Bias de Priene, Sólon, Glábulo de Lindos, Míson de Queneia e, mais ainda um séptimo, Quílon de Lacedemônia: Estes eram todos êmulos, admiradores e discípulos da educação lacedemônia. E bem se pode compreender que a sua sabedoria era dessa qualidade pelas palavras concisas e memoráveis que cada um proferiu. Foram eles que numa reunião no Templo de Delfos dedicaram a Apolo as primícias da sua sabedoria, inscrevendo aquelas sentenças que toda a gente celebra 'Conhece-te a ti mesmo' e 'Nada em excesso'". Era este o caráter da antiga Filosofia, uma espécie de concisão lacônica.

6.2 APRENDIZAGEM NO LABIRINTO DE CNOSSOS DE CRETA

Monstro e vítima se encontram no Labirinto de Cnossos de Creta. O Minotauro e Teseu se confrontam, em que a aparência, a um tempo incerta e sinistra, do primeiro e a crescente imutabilidade das percepções do segundo se mesclam.

Dédalo, o construtor do labirinto, foi um homem de agudíssimo engenho, era arquiteto e escultor. Foi quem introduziu o uso de olhos abertos nas estátuas. O labirinto era um edifício de corredores desencontrados e confusos, que tornava quase impossível a saída de quem se metesse por eles. Os corredores eram todos iguais na aparência e entrelaçavam-se como a corrente do rio Meandro, na Anatólia. Era muito difícil sair de lá. No centro do labirinto passou a viver o Minotouro, que se alimentava de sete mancebos e sete donzelas enviados por Atenas todos os nove anos, como tributo a Creta.

Tal residência foi construída de maneira que o Monstro não pudesse ser visto de fora, porque o animal era terrível; touro da cabeça ao tronco e o resto do corpo com forma humana.

Ao vencer o Minotouro, Teseu, cidadão ateniense, descontrói os tributos impostos a Atenas, salvando do sacrifício os mancebos e as donzelas. O que significa uma vitória no mundo enigmático dos labirintos de aprendizagem.

A identidade da nossa política de aprendizagem e do nosso aluno define-se na confluência de labirintos, pela metáfora de Minotouros que os habitam e pela ousadia de Teseus em eliminar Minotouros e desfazer os enigmas que os sustentam na obra humana e na obra escrita.

Todos os estudantes-cidadãos deveriam ser Teseus para se arriscarem nos labirintos; para se libertarem de tributos pelos quais são penalizados por ignorarem os estatutos do saber. Teseu modela a inusitada façanha de penetrar em Cnossos, matar o Minotouro e sair ileso do labirinto. A atividade de Teseu é singular, única e emancipatória. Ele é uma fonte de aprendizagem.

6.3 APRENDIZAGEM N'*A DIVINA COMÉDIA*

Em *A Divina Comédia* de Dante Alighieri encontra-se a questão da autoridade espiritual, social e moral do mestre em relação ao discípulo. Referimo-nos também ao desempenho didático do mestre-guia Virgílio em relação ao seu discípulo Dante pelos caminhos pedagógicos do Inferno, no que tange ao reforço da sua autoridade, para o discípulo aprender a viver a vida e caminhar pelo contexto Inferno-Purgatório, que é de reflexão e decisivo para a qualidade do ensino-aprendizagem.

O importante, além de tudo, é que a reflexão ocorre em meio à prática. Diríamos que uma verdadeira democracia no ensinar e no aprender tem contextos e exemplos de toda a ordem, de todas as classes, raças, de sagrados e profanos. Trilhar os caminhos pedagógicos do Inferno é o melhor antídoto para o ensino-aprendizagem visar o céu da qualidade.

6.4 APRENDIZAGEM SOB O SIGNO DO MAXIMILIANO MENEGOLLA

Não se transforme em algo menos do que pode ser.
– Nelson Mandela

6.4.1 As lições do Max desconstruíram o que é lesivo à dignidade do ser humano

O professor Max foi um guia que nos deixou um legado reflexivo, interventivo, cultural e afetivo desenvolvedor da ação educativa e formadora da pessoa para seguir os caminhos da ética e da sabedoria.

Na qualidade de discípula do Max, o nomeamos como um pedagogo competente, amigo, um intelectual amoroso. As suas aulas representavam um caminho de integração. Ele estimulava o diálogo, apresentava questões provocatórias, de forma que todos interagissem, mental e responsavelmente. Não predominava o monólogo do professor, mas a dialética pedagógica. Diálogos dos alunos com o professor e dos alunos entre si.

O clima pedagógico não era de passividade, tampouco de sujeições. Os alunos não eram sujeitos que se sujeitavam, mas agentes do ensino-aprendizagem. Todos protagonistas, todos formadores de consciência crítica. As aulas transcorriam num diálogo constante da pedagogia com outras instâncias de cultura.

O professor Maximiliano não deixava de chamar a atenção para a inteligência do bem, da verdade e da ética, para a consciência que devemos ter de nós mesmos como agentes críticos e diferenciados no universo. O nosso mestre abrigava uma sensibilidade amorosa à aprendizagem da vida.

O Menegolla asseverava que o aluno é agente da aprendizagem, mas não é senhor do conhecimento, visto que o conhecimento vem aos poucos para cada um e para todos. Proclamava que não podemos ficar afastados da vida. O Max propunha um olhar pedagógico-filosófico-ético-afetivo sobre a vida, sobre a humanidade; um olhar em sintonia com a aprendizagem mundial.

Dizia que a aprendizagem se constrói na relação da pessoa consigo mesma, com os outros, com o universo, com a vida. Assinalava que o poder e a força da aprendizagem estão dentro de cada um, e é preciso pô-los em prática, vivenciá-los; elegia a aprendizagem da complexidade do ser humano e da cultura.

Tanto as interrogações quanto as afirmações do Max abalavam as certezas, questionavam convicções, desassossegavam no sentido pedagógico da vida; impunham o esforço de pensar e repensar, de retomar a experiência inicial do ato pedagógico de aprendizagem.

O seu ensinamento foi suscitado pelo seu estilo de vida. As itinerâncias dos seus escritos, das suas aulas, das suas falas a que nos dirigia; nós discípulos, demos, estamos dando e daremos prosseguimento. Cumpre-nos percorrer os caminhos didáticos para descobrir o tesouro em nós e o poder do ensino-aprendizagem; o que nos recomendava o professor amoroso, humano, demasiadamente humano, que tivemos e que estará sempre presente em nossas vidas.

Por esses e por outros motivos, nos cativava e conquistava a nossa atenção. A sua fama o precedia antes de termos aulas com ele, pois já o conhecíamos através dos comentários positivos dos outros.

6.5 APRENDIZAGEM DO SISU

> O Sisu é algo que faz com que tenhamos uma dose de combustível extra quando a vida nos coloca dificuldades.
> – Joanna Nylund

6.5.1 Uma forma de aprendizagem e de evoluir

A aprendizagem do Sisu, ou seja, imbuir-se da arte da força interior, da bravura, da resiliência, da tenacidade, é o que caracteriza a formação dos finlandeses, o povo mais feliz do mundo.

De acordo com a escritora e fotógrafa Joanna Nylund, no livro intitulado *SISU: a arte finlandesa de viver com coragem*, ser Sisu é ter resiliência, bravura, tenacidade e força interior. "O Sisu faz também com que os erros dos mais pequenos sejam vistos como uma forma de aprendizagem e de evoluir" (Nylund, 2018, p. 11).

6.6 UM MUNDO DE INSTRUÇÃO DENTRO DO MUNDO HUMANO

> Não adianta afetar ser inteligente, é preciso demonstrá-lo.
> – Luciano (sírio do século I d.C.)

6.6.1 "Pesquisar é a arte de dar o passo seguinte"

Dinamarca, Canadá, Estônia, por exemplo, estão formando alunos com autonomia, e que tenham acompanhamento contínuo. Nessas sociedades educativas, ser cientista, ser empresário de ideias, de inovações e criações é *cool*. Trata-se de uma aprendizagem que possa fazer o aluno viver a vida pessoal, escolar, social e mundial na sua plenitude.

Trata-se de um mundo de instrução dentro do mundo humano, uma aprendizagem ao longo da vida e do universo, considerando os lados teóricos e práticos do conhecimento. Com a competência de informação, de comunicação e de pesquisas, Kurt Lewin diz que pesquisar é a arte de dar o passo seguinte.

6.7 CUIDAR DA LÍNGUA E PROMOVER INTERCÂMBIOS DE APRENDIZAGEM CULTURAL

> Não há diálogo autêntico entre outras culturas se não praticarmos o dever cívico de não deixar que as línguas sofram com o mau uso, com a degradação, numa palavra, com a confusão e a ignorância.
> – Guilherme de Oliveira Martins

6.7.1 Cuidar da língua é permitir a sua renovação

Cuidar da língua, proclama Oliveira Martins, é permitir a sua renovação, atualizando-a, renovando-a, numa ação permanente de intercâmbio com as novas realidades e as novas culturas.

6.7.2 Estudar a língua portuguesa pelas seguintes razões:

- É língua de oito nações: Portugal, Brasil, Angola, Cabo Verde, Moçambique, Guiné-Bissau, São Tomé e Príncipe, Timor-Loro Sai.

- É língua de trabalho em organizações internacionais:
  - ACP – Países da África, Caraíbas e Pacífico.
  - OEI – Organização dos Estados Ibero-americanos.
  - OUA – Organização da Unidade Africana.
  - SADC – Comunidade para o Desenvolvimento da África Austral.
  - UE – União Europeia.
  - UL – União Latina.
  - UEMOA – União Econômica e Monetária da África Ocidental.
- É língua que une 200 milhões de falantes.
- É língua suporte de identificação de comunidades lusófonas: Alemanha, África do Sul, Austrália, Canadá, EUA, França, Suíça, Luxemburgo, Venezuela.
- É língua de acesso ao conhecimento de um tempo histórico que revolucionou a imagem do planeta.
- É língua de vitalidade comercial e diplomática.
- É língua de evangelização e mediação religiosa.
- É língua que permanece inalterável como legado jurídico, em zonas de anterior administração portuguesa.
- É língua que viajou por toda a terra, deixando uma herança fonética e semântica.
- É língua difundida nas sete partes do mundo em formas ancestrais, como as crenças, os costumes, os ditados, os provérbios.

Fonte: INSTITUTO CAMÕES, *A Língua Portuguesa e a Lusofonia*. "10 razões para aprender Português".

6.8 REPENSAR A APRENDIZAGEM EM TERMOS DE SABERES PLURAIS

Os saberes plurais são parâmetros que condicionam a formação da identidade cultural, própria desta nossa era planetária: o saber cognitivo que abrange o pensar, o interpretar, o compreender, o psicomotor da área do saber escrever, o saber falar, o saber dizer, o saber oral espontâneo, o saber afetivo que redunda no saber ser com, estar com, saber relacionar-se.

Assim, necessário se torna que os saberes plurais se articulem na aprendizagem para a diferença, provinda de mundividências e multiculturalismo. Vemo-nos, hoje, obrigados a repensar a aprendizagem em termos de saberes plurais, mundialmente partilhados.

Verdade é que o homem é resgatado somente pelo "começo" mas esse "começo" é por ele interpretado de modos muito diversos.

– *Santo Agostinho*

As gerações de homens fluem na maré do tempo. Mas deixam as suas feições predestinadas permanentes para todo o sempre.

– *Blake*

O tempo? – diz – já não existe, como antigamente, ocasião de lhe calcular a profundidade e de percorrer a escala infinita dos planos, colocando cada coisa à sua justa distância; tudo se confunde num único plano, precipitando-se contra nós. E todavia não possuímos outras palavras, se não aquelas que nos fornece uma cultura depauperada de toda a substância histórica, tornada prodigiosa e terrível como, aos olhos primitivos, o sol, as estrelas e a lua, o nascimento e a morte.

– *Giuseppe Ungaretti*

Hermes com o infante Dionísio
Por Praxíteles
Cerca de 340 a.C.

CAPÍTULO 7

REVITALIZAÇÃO E REINVENÇÃO DA APRENDIZAGEM

Para os pensadores do século XVIII o progresso nasce da instrução, quer dizer, da cultura, um crescimento constante.

– Manuela Malheiro Ferreira

Estamos retidos no intervalo entre o começo e o fim do aprender, e o ensinar, no trabalhar em cada uma das demais coisas

– Fílon, o hebreu

7.1 A REVITALIZAÇÃO DA APRENDIZAGEM PODE FAZER DE PAREDES ABERTURAS

Pietro Cinati (2005, p. 39) traz para o palco da boa aprendizagem da interpretação o exemplo de Hermes: "Graças às suas asas velozes, o mundo todo passou a ser uma trama de relações, todas as coisas ecoavam noutras coisas, ele apressava-se a interpretar cada uma delas e a móvel rede que as envolvia".

Conforme a nossa visão, uma revitalização espiritual, sentimental e mental pode mudar a face do ensino-aprendizagem, e, consequentemente, da cultura. É uma revitalização que pode desencadear não só nos alunos, mas em todos os cidadãos, a consciência do poder do intelecto, do amor, da ética, do espírito e da responsabilidade.

Essa revitalização no ensino-aprendizagem pode fazer de paredes aberturas. A formação consciente do aluno se dá a partir dessa dimensão, na perspectiva de uma proposta pedagógica no âmbito dessa formação.

7.2 PROMETEU E A EXPRESSÃO DA REVOLTA CONTRA A SUBTRAÇÃO DA APRENDIZAGEM E DA ASPIRAÇÃO AO SABER

> Quem diz Prometeu pensa liberdade, gênio, progresso, conhecimento, revolta. A sua própria polivalência coloca-o ao abrigo de uma "fixação", assegurando-lhe uma total independência.
> – Raymond Trousson

7.2.1 A aprendizagem liberta os seres humanos dos grilhões do não saber, do analfabetismo

Prometeu constituí uma referência incontornável na aspiração ao saber; do gênio que se revolta contra a subtração da aprendizagem. O sofrimento de Prometeu é amoroso. Um amor que nasce do desejo da conquista da liberdade, fruto de aprendizagem. Prometeu audaciosamente arrisca, enfrentando o perigo, para roubar o fogo sagrado que simboliza o conhecimento.

A revolta do Titã é contra o que e quem proíbe a criatura humana a ter acesso ao fogo, ou seja, o conhecimento da linguagem reveladora. Ele sabe que de posse do fogo, os homens, e não apenas os deuses, podem adquirir o poder de se tornarem aprendentes. Prometeu tem consciência de que o fogo sagrado é fonte de aprendizagem, que esta liberta os seres humanos dos grilhões do não saber, do não aprender, do analfabetismo.

7.3 UMA APRENDIZAGEM PARA O CIDADÃO NÃO VIVER NA SERVIDÃO, MAS PARA SER EMANCIPADO

> Fica a saber claramente: não trocaria a minha desgraça pela tua servidão.
> – *Ésquilo*

7.3.1 Os cidadãos de hoje encontram-se agrilhoados pelas necessidades forjadas na cultura contemporânea

Em *Prometeu Agrilhoado*, de Ésquilo, (1992, p. 42-43), é narrado: "Desprensando as artimanhas, pensavam, com a presunção de fortes, que, sem custo, venceriam pela violência. Mas, mais uma vez, a minha mãe Témis ou Gaia – uma só forma com muitos nomes – me anunciara o futuro, tal como havia de acontecer: que venceriam os que fossem superiores em astúcia e não em força e violência".

Lemos a declaração exclamativa do deus Oceano a Prometeu. Oceano afirma que a desgraça de Prometeu é mestre. Prometeu, mesmo sofrendo a pena imposta por Zeus, jacta-se dos seus feitos independentes, da sua astúcia e da sua audácia. Ele sofre as dores dos grilhões, mas não se intimida em relação ao poder de Zeus. Por isso diz a Hermes, mensageiro dos deuses olímpicos, aquele que conduz as almas do Hades: "Fica a saber claramente: não trocaria a minha desgraça pela sua servidão".

Quanto à maioria dos cidadãos de hoje, eles encontram-se agrilhoados pela ignorância. Transitando entre as necessidades reais e as necessidades forjadas na cultura contemporânea.

7.4 O ENSINO-APRENDIZAGEM DEVE SER DURO

> Até mesmo o inservível pode tornar-se escada por meio da qual se alcancem ideias aproveitáveis.
> – Charles Kettering

A acreditar em Agostinho da Silva (2002, p. 30): "A educação deve ser dura, Baden-Pawell achava que ensinar meninos de maneira fácil, fazer rir meninos quando aprendem aritmética ou geografia é das coisas mais absurdas que podem existir no mundo. As coisas são difíceis, aquilo que se tem de fazer dá muito trabalho e então é preciso que o menino, logo desde o princípio, saiba que aquilo que ele tem que aprender é efetivamente trabalhoso e exige aplicação total. Tem que saber que não há outro jeito".

Apostamos em um ensino-aprendizagem que possa refazer a originalidade intelectual do aluno, que altere o curso do seu pensar e o do contexto pedagógico cultural, que incorpore o fio de Ariadne para articular a literacia.

7.5 O QUE É SER INSTRUÍDO NA ERA PLANETÁRIA?

> A forma que as escolas têm de poder melhorar a sociedade é tornar as pessoas mais instruídas, mais empreendedoras e capazes de resolver problemas.
> – *Manuel Carmelo Rosa*

No entendimento de Manuel Carmelo Rosa (2002, p. 5), a educação "tem de ajudar a assegurar adequado equilíbrio entre preservação das identidades locais e regionais e os claros benefícios das tecnologias no reforço da aprendizagem, ter em atenção a disseminação ubíqua da comunicação e da informação, que questiona o que é ser instruído no século XXI".

Ser instruído, entre outros procedimentos, é ser capaz de conhecer para comparar, para aprender. Ser instruído é ser capaz de comparar para aprender, para conhecer.

7.6 A APRENDIZAGEM É UM CAMINHO PARA UM TESOURO A SER DESCOBERTO

> Quando os caminhos são para nós mistério e a rota aponta obstáculos intransponíveis, o conhecimento fica como tese possível.
> – *João Sarmento*

7.6.1 Pensar a aprendizagem é relacioná-la ao saber, à liberdade, à literacia

Assim como houve uma teoria emergente da educação, há, em muitos casos e ocasiões, uma teoria emergente da aprendizagem. O ensino-aprendizagem é um problema cultural; por conseguinte, precisa ser encarado como uma atividade cultural.

Pensar a aprendizagem é relacioná-la ao saber, à liberdade, à literacia. O ser livre, letrado, ético e espiritualizado tem condições de promover a verdadeira democratização, assim como procederam os atenienses sob o governo de Péricles, no século V a.C., quando criaram a democracia.

Nunca, como hoje, vê Joaquim Azevedo (2000, p. 71): "Foi tão evidente a importância do conhecimento e da aprendizagem permanente para o desenvolvimento pessoal e para a inserção social de cada cidadão. Por todo o lado, falamos de 'novas competências' e de 'sociedade educativa', frisando a centralidade do conhecimento, tanto para os indivíduos como para as organizações".

Na aprendizagem, os sentimentos genuínos e a criatividade precisam ser desafiados para salvar os alunos das garras do poder alienante das suas identidades e das suas personalidades. Estando a violência relacionada à falsa bondade, o processo educativo tem que incluir no currículo das aprendizagens o conteúdo de desmitificação dos engodos, a desconstrução das máscaras, a desocultação das mentiras, a destruição da torre de ilusões e a demolição das necessidades desnecessárias.

No fator aprendizagem, o fomento das pesquisas, que precisam nascer nos bancos escolares, nos ambientes de formação, servem para valorizar a aprendizagem. O plano pedagógico escolar é o pulmão que sustenta, filtra e impulsiona a respiração de toda a aprendizagem decorrente desse órgão. A aprendizagem é um caminho para um tesouro a ser descoberto. Por isso faz-se necessário uma boa respiração.

7.7 REVITALIZAÇÃO DA APRENDIZAGEM SOB O SIGNO DE HOMERO, O MESTRE DA INSTRUÇÃO NO CORAÇÃO DO "MILAGRE GREGO"

> Pródico o desenvolvia no apólogo de Héracles na encruzilhada: «do que é bom e belo, nada concederam os deuses aos homens sem fadiga e estudo».
> – Rodolfo Mondolfo

Por sermos sabedores de que a instrução e a disciplina combatem o servilismo, lembramos "o coração do milagre grego", na época de Homero, na persistente capacidade desse poeta-educador para instruir o cidadão nas artes da guerra; na ordem doméstica e no saber em geral. Nessa linha, acolhemos o programa de disciplina da pólis grega formulada por Platão.

7.8 O CULTIVO DA SABEDORIA NA REVITALIAZAÇÃO DA APRENDIZAGEM

Mondolfo (1972, p. 481) traz-nos um exemplo grego de caracterização do homem: "Demócrito, segundo o testemunho de Hermipo, caracterizava justamente ao homem 'pela inteligência, razão e faculdade reflexiva', já que foram estas, acrescenta Hermipo, as que lhe permitiram 'elevar-se à especulação sobre a essência das coisas'".

Para Sêneca, a única atividade que pode dignificar a vida humana é o cultivo da sabedoria. Tanto a atividade intelectiva quanto a prática devem ser exercitadas continuamente. Na ação pelas mãos e na contemplação pelo intelecto, um exercício está interligado ao outro. Mãos e mentes interagindo, visto que esses exercícios são inseparáveis, como pensavam Sêneca e Giordano Bruno.

Mondolfo (1972, p. 311) diz-nos que "Aristóteles reconhecia que o poder intelectual do homem cresce sem cessar, quantitativa e qualitativamente, pelo assíduo exercício de sua capacidade de investigação e reflexão críticas".

Para nós, a superioridade mental, o poder espiritual e a firmeza ética podem levar uma pessoa à glória.

7.9 HÁ UM IMINENTE DESAPARECIMENTO DA PESSOA CULTA

A escritora Doris Lessing, Nobel de Literatura, aponta, com pesar, para o fato do abandono da pessoa culta. Já não é mais considerado um privilégio ser culto, como também tem deixado de ser um mérito a capacidade de amor ao saber.

Havia uma geração em que a pessoa erudita era distinguida. Agora, em que os pecados são virtudes, as qualidades são desclassificadas; há o risco do desaparecimento da pessoa culta, da tradição do ser pensante.

Camões proclamava que não faltava para ele na vida honesta estudo.

7.10 O MITO DE NARCISO NA REINVENÇÃO DA APRENDIZAGEM

Narciso, quando se debruça na fonte, deixa de ser ator da multidão para ser agente do seu olhar, excluindo o sentido depositado, alheio a ele, para assegurar a própria falta de sentido. O ser introvertido em Narciso, íntimo de si mesmo, carrega um grande enigma: o autoconhecimento, tendo em vista que todo o conhecimento do indivíduo tem de passar antes pela realidade ofertada pelo outro.

O delírio de Narciso não consiste em investir na mesmidade do outro, mas no interiormente diferente. Sabemos que a alavanca do progresso do ser, pessoa ou coisa, é a aposta na diferença e no distanciamento, considerando o silêncio e o segredo que os envolvem.

Vemos em Narciso o ser procurando a si mesmo e praticando a reflexão na reinvenção da sua aprendizagem.

7.11 O SER HUMANO DOTADO DO PODER CRIADOR

É quando o ser humano não se acomoda que a inovação rompe fronteiras. Portador de um passaporte para o universo, dotado de pensamentos criadores, no contexto desta pessoa, ideias e iniciativas seguem-se umas às outras. É uma questão de energia, de determinação, de arrojo prometeico, de persistência, de esforço continuado.

Ser culto, desvelador, ético e criador é um dever do ser humano. Manter-se acomodado e inculto é uma ofensa a si mesmo, à cidadania e ao mundo; é um afronte aos valores. O indivíduo não deve permitir que a sua alma se torne bárbara, ao ser induzido pelas aparências. Esperamos do cidadão a vitória da superioridade sobre a incompetência, a vitória do exercício de reflexão sobre a atividade desinteligente.

7.12 A APRENDIZAGEM NA CAVERNA DE PLATÃO

> Amo porque conheço e conheço porque amo.
> – *Evangelho Segundo São João*

Para que o ser humano possa se livrar das sombras, de que fala Platão, é necessário conhecer e entender todas as coisas, mas isso só é possível através da inteligência e da dialética.

Para Platão, na alma já existem o poder e a capacidade de aprender. Porém, a educação humana tem projetado sobre as pessoas certos arquétipos que as formam pela imagem que os outros têm delas, e não por si mesmas. De forma que a aprendizagem se torna sombreada.

7.13 "O INTELECTO E O AMOR SÃO OS LEVES SAPATOS QUE A ALMA CALÇA"

Eckart diz que o intelecto e o amor são os leves sapatos que a alma calça. Ao refletirmos sobre esse tema, consideramos que o ser humano não desalmado também calça esses sapatos. Caso o amor seja isolado do intelecto, e vice-versa, é como se nós estivéssemos diante de uma alma capenga, com um só pé calçado.

O processo pedagógico que desconhece ou desconsidera a conjugação do par harmônico pode ter sua competência questionada. No conceito de Platão, quando buscamos o amor e a felicidade obrigatoriamente levamos a dor junto, como se estivéssemos diante de duas faces numa mesma cabeça ou de duas cabeças num mesmo tronco. Por isso, é preciso proporcionar formas de raciocínio, de sensibilidade, de reinvenção e de revitalização da aprendizagem.

Deixar o aluno fazer aquilo que quer, diverti-lo com leves ocupações, levá-lo quase a um estado de natureza selvagem, não é o suficiente. Não se trata de "liberar" algumas leis, é preciso reconstruir e a reconstrução requer a elaboração de uma "ciência do espírito humano". É um trabalho paciente, um trabalho feito de pesquisas, para o qual devem contribuir milhares de pessoas que se dedicam a esse intento.

– *Maria Montessori*

Viver é o ofício que eu lhe quero ensinar. Ao sair das minhas mãos, ele não será, devo confessar, nem magistrado, nem soldado, nem sacerdote; ele será, em primeiro lugar, homem: tudo aquilo que um homem deve ser...

– *Jean-Jacques Rousseau*

Busto de Alexandre, o Grande
Por Lísipo
Cerca de 330 a.C.

CAPÍTULO 8

"O ALUNO É UM APRENDIZ E NÃO UM ENSINADO"

8.1 O ALUNO, QUEM É ELE?

> Os verdadeiros alunos são *discipuli veritatis*.
> – George Steiner

> Aluno, pessoa que estuda, que se empenha em aprender, embora nem todos os alunos estudem ou aprendam.
> – Maximiliano Menegolla

8.1.1 O significado do termo aluno

Lemos no *Novo Dicionário Latino Português* o significado do termo aluno. "Aluno, do latim *Alumnus* = aluno, discípulo, aquele que é sustentado. *Numen alumnum* = divindade do aluno (ovídio). Baccho aluno de Ino". Primitivamente, o termo aluno significava criança que se dava para criar. Pessoa que recebe instrução e/ou educação de algum mestre, em estabelecimento de ensino; estudante, educando, discípulo, escolar. Aquele que tem poucos conhecimentos em certa matéria, ciência ou arte, aprendiz."

8.1.2 Conceito de discípulo

Na concepção de Maximiliano Menegolla (1992, p. 14), "Discípulo é aquele que encontra no mestre a verdadeira centelha do saber e do amor, que segue o seu mestre pela convicção das ideias por ele pregadas e discutidas com os seus discípulos. Estes não são apenas ouvintes, mas participantes e geradores de novas ideiais".

8.2 IDENTIDADE DO ALUNO

É fundamental que o aluno aprenda de modo a adquirir uma identidade cosmopolita, um aprender para assegurar a compreensão da diversidade de culturas. Que, no raciocínio de Maria de Fátima Sandes, apoia-se na criatividade, flexibilidade e adaptabilidade, competências transversais que permitem essa compreensão.

A identidade do aluno está ligada às escolhas, aquelas que ele assimila e com as quais interiormente se identifica. Na leitura que Johann Friedrich Herbart faz de educador e de educado, este é uma pessoa individual, enquanto aquele aspira ao geral. Quando uma lição é afetiva e intelectualmente estimulante, a iniciação do aluno pode ser mais produtiva e a sua identidade mais vigorosa. Ao compartilharem cumplicidades intelectuais e afetivas, os alunos alimentam as suas identidades e os seus conhecimentos, sendo estes um passaporte para o mundo.

8.3 O QUE CARACTERIZA A IDENTIDADE GREGA

> Não possuímos hoje, de certo, mais força nos músculos do que os soldados da invasão persa, mais beleza nas linhas do que os modelos da estatuária grega; não nos podemos também gabar de mais coragem do que Leónidas, de mais génio do que Platão, de mais poesia do que Virgílio, de mais virtude do que Marco Aurélio.
>
> – Eça de Queiroz

Revela-nos Gabriel Martinez Gros (1992, p. 187): "A identidade grega é dada por sua genealogia intelectual. Cinco homens a resumem, diz Sa'id. Eles sucederam-se de mestre à discípulo. Empédocles foi o primeiro; contemporâneo do rei Davi; estudou na Síria. Pitágoras estudou no Egito, tendo como mestres os discípulos do rei Salomão. O saber de ambos foi herdado por Sócrates, depois por Platão, depois por Aristóteles, preceptor de Alexandre, que se pode acrescentar a essa lista".

A Grécia era sóbria por temperamento e por educação, afirma Eça de Queiroz. Hoje, a realidade nos interroga a respeito do contexto desfavorável à identidade de um aluno à Alexandre, O Grande. A nossa consciência não perdoa a passividade diante desse quadro deplorável de identidades desta era. O nosso ser político à Aristóteles nos convoca para refletirmos sobre a nossa convivência com as atuais identidades tacanhas.

8.3.1 A identidade de Alexandre, o Grande, pela educação, pela aprendizagem

A força de Alexandre, o Grande, na visão de Gabriel Martinez Gros (1992, p. 187), "vem menos do valor do seu exército do que da tutela esclarecida de um filósofo que foi seu mestre; ou antes, do filósofo por excelência, Aristóteles, a quem Filipe da Macedônia confiara a educação de seu filho. O projeto da conquista não foi inspirado pelo desejo de glória, mas pelos conselhos da ciência. Alexandre não pertence, pois, à linhagem dos reis – nada se diz de sua dinastia, de seus antepassados ou sucessores – mas à linhagem dos sábios".

A grandeza de Alexandre, a sua identidade, se deve à instrução que recebeu de um grande educador filósofo. A qualificação e a eficiência de Alexandre provêm de sua abnegação aos estudos, do seu exercício intelectual. A sua estratégia antes de ser militar é mental. A sabedoria guia Alexandre para a grandeza. Ele foi inspirado pela Filosofia. Assim, transcendeu fronteiras do pensamento e territoriais.

8.4 FORMAÇÃO DO ALUNO

> Só no estudo procuro a ciência que trate do conhecimento de mim mesmo, e que me instrua a bem morrer e a bem viver.
>
> – *Montaigne*

8.4.1 O aluno vai para a escola para aprender, para saber e para viver

Aprendemos com Maximiliano Menegolla (1992, p. 86) que "o aluno está na escola não para ser quantificado, mas para aprender, exclusivamente para aprender. O seu destino não é estudar para receber notas que façam passar, mas sim aprender a viver com sabedoria.

"Com essas colocações não se quer dizer que o aluno não possa e não deva ser avaliado e testado para se observar, embora de forma relativa, os seus conhecimentos. O aluno vai para a escola não parar passar ou rodar; para receber notas ótimas ou péssimas; para ter diploma, para se formar ou não se formar. O aluno vai para a escola para alcançar o mais importante objetivo, qual seja, o de ser educado e instruído".

A alimentação pedagógica de alto nível é a principal qualidade de vida; é a moeda que garante a verdadeira riqueza na formação do aluno. Pois como bem avalia Maria Montessori «a ignorância é ainda mais fatal ao homem do que a desnutrição e a pobreza». Estar imbuído de um ensino-aprendizagem que respire nobres espíritos éticos-pedagógicos é o que pode aferir a qualidade da formação do aluno. Cabe à política da educação incitar as famílias, as escolas e os alunos a serem responsáveis pelos estudos.

O aluno é minúsculo na sua formação quando não dispõe de uma educação elevada, indispensável ao seu desenvolvimento intelectual. As qualidades educacionais de que o aluno se revestir permitirão que a condição de inferioridade do aluno não se propague.

Em se tratando de um tempo de intensificação de intercâmbios culturais, põe-se como um senso de oportunidade referenciar pré-requisitos necessários para repensar o conceito universal de aluno e da sua formação. A renovação nos estudos é fundamental para o investimento na aprendizagem do aluno. Enfim, todos nós somos responsáveis pela educação e formação do aluno. A aprendizagem efetiva e de qualidade é uma ferramenta básica para essa formação.

8.5 O ALUNO APRENDENDO A APRENDER

> Ulisses é um aprendiz que, quanto mais cresce, mais reconhece a sua incompletude.
> – João Maria Raposo

8.5.1 O aluno, um cogestor e coavaliador do seu plano de aprendizagem

> As estrelas são gotas de luz eterna, como no homem as ideias são da verdade eterna. Rareiam no céu, como rareiam no homem.
> – Eça de Queiroz

Dadas as circunstâncias atuais, importa que transformemos o aluno em cogestor e coavaliador do seu plano de aprendizagem. É uma forma de exortação ao querer conhecer, um apelo de amor à arte de aprender.

No entendimento de Caballo Villar (2008, p. 35): "Aprender a aprender recai majoritariamente sobre a instituição educativa, centrando-se na necessidade de uma compreensão metacognitiva que permite ao indivíduo dispor de ideias úteis – não só sobre como se comporta o mundo, mas como funciona o seu modo pessoal de entendê-lo, as suas próprias estruturas cognitivas e afetivas, adaptando as suas próprias representações aos fatos reais".

Investimos na formação de um aluno com um estilo não espartano, determinado pela rudeza, nem romântico, movido pelo prazer; tampouco anti-intelectualista. Nessa formação, elegemos um aluno que aprenda com todos os sentidos, que seja testemunho de todos os eventos culturais da humanidade, para fazer da aprendizagem uma fortaleza cultural.

O aluno não tem sido formado para ser estudante. É um dos aspectos sobre o qual cabe-nos refletir.

8.5.2 A literacia assegura a formação efetiva e integral do aluno

No conceito de Fernando Azevedo (2009, p. 117): "A literacia, potenciando a interação social e estimulando o raciocínio crítico e a comunicação abstrata, é utilizada para desenvolver o conhecimento e a compreensão e para assegurar a formação efetiva e integral da pessoa".

A educação tem que assentar no pressuposto de que todo o aluno é capaz de aprender e ser aperfeiçoado. Igualmente tem que assentar na formação dos alunos numa vertente global para a cidadania mundializada, em que o aluno avance intelectualmente e torne-se humanamente emancipado.

A construção de saberes e a prática educativa numa perspectiva interdisciplinar concorrem para potenciar o melhor aproveitamento pedagógico do aluno. A formação de um aluno reflexivo reflete numa nova cultura do pensar.

8.6 QUE FORMAÇÃO PREPARA O ALUNO PARA SER UM CIDADÃO DO MUNDO?

> Se uma nação, portanto, só tem a superioridade porque tem pensamento, todo aquele que venha revelar na nossa pátria um novo homem de original pensar concorre patrioticamente para lhe aumentar a única grandeza que a tornará respeitada, a única beleza que a tornará amada – e é como quem aos seus templos juntasse mais um a sacrário.
>
> – Eça de Queiroz

Como o ensino pode formar o aluno para ser um cidadão do mundo? Como ele pode ser reconhecido? Como não se tornar um vencido entre os muros da escola e as muralhas da cidade, do Estado, do país? O muro da escola não pode ser empecilho para que o aluno se lance no conhecimento de novos mundos, na aquisição de novos saberes, na proximidade de novas culturas. O estudo do presente, da Antiguidade e do futuro conduz ao desenvolvimento da cultura e à evolução da consciência. O solo educativo tem que ter mais consistência intelecto-estrategista para fomentar a comunicação entre os alunos de todas as partes do planeta, tratando de todos os temas, ou seja, uma formação planetária.

8.7 O ALUNO E OS CAMINHOS DE APRENDIZAGEM

> O termo metodologia na sua mais profunda raiz deriva dos vocábulos *meta* e *odos* significando ir para além do caminho, um retornar a um outro nível do caminho.
> – Luís Barreto

Na aprendizagem, há caminhos claros, escuros, implícitos, explícitos, abertos, fechados, secretos. Importa perguntar como a família, a sociedade, a escola, o professor validam a atuação do aluno nos caminhos da aprendizagem.

O aluno é atraiçoado por ele mesmo quando se nega a percorrer os caminhos da aprendizagem e a fazer esforço para superar os próprios limites para aprender, de modo a crescer como cidadão esclarecido.

8.7.1 O aluno, um peregrino na viagem pelos caminhos da sua aprendizagem

> O conhecimento é uma navegação num oceano de incertezas atrás dos arquipélagos de certezas.
> – Edgar Morin

Ao concebermos o aluno como um peregrino na viagem pelos caminhos da sua aprendizagem, fazemo-lo em consonância à peregrinação de Dante Alighieri pelos caminhos pedagógicos que se cruzam n' *A Divina Comédia*, que se processam numa viagem às profundezas do Inferno, do Purgatório, e às alturas do Paraíso. O Inferno se põe como matéria-prima, base para a aprendizagem de outras viagens.

Inicia-se a viagem pelo Inferno, estendendo-se ao Purgatório e ao Paraíso. Dante primeiro declara-se discípulo de Virgílio, elegendo este seu mestre pelas suas qualidades excepcionais e por ser peregrino no Inferno. Dante escolhe o poeta para ser seu mestre-guia.

É de assinalar que a peregrinação e a aprendizagem começam no pior e mais terrível território da viagem pedagógica.

8.7.2 O Mestre indica, mostra os caminhos da aprendizagem ao discípulo

> O servilismo intelectual é no homem um vício irredutível, e que por mais que se facilite o largo e livre exercício da razão, e que se lhe ensine a sacudir o despotismo dos oráculos – sempre ele por instinto, por covardia, por indolência, por desconfiança de si próprio, abdicará o direito de pensar originalmente e se submeterá com prazer, com alívio, a toda a autoridade, que, à maneira de um pastor entre um rebanho, se erga, toque a buzina e lhe aponte um caminho com o cajado.
>
> – *Eça de Queiroz*

Para avançar nesta jornada, o papel do mestre é essencial na sua relação com o discípulo. A instrução do mestre orienta o seu aprendiz. A caminhada transcorre por meio de lições que proporcionam ao discípulo um novo aprender, uma situação inusitada. Veja-se que tanto o Inferno quanto o Purgatório e o Paraíso são territórios pedagógicos.

Para essa peregrinação pedagógico-literário-espiritual, Dante roga influência das Musas e do poder mental. E dirigindo-se ao seu mestre, Dante (1975, p. 112-113) pergunta: "Poeta meu, e guia. / Olha se tenho o espírito potente / para a empresa que se pronuncia. Receio que empreender um tal destino, / na minha pequenez, é uma loucura: / Mas, sábio, vês o que tão mal opino. / E como quem descura do que cura, / e muda o pensamento a cada instante, / de sorte que o que faz não segue ou dura, / – eu me encontrava, pávido, hesitante: a duvidar, da ideia já fugia / que julgara, a princípio, tão brilhante".

Dante encontrava-se indeciso, duvidando da sua própria capacidade e poder decisivo para iniciar e manter-se numa empesa tão arriscada e complexa. Temeroso e confuso, ele declinava da sua ideia, que, a princípio, julgara brilhante. Sem propósito firme, o discípulo recorre ao seu mestre, na procura de apoio, de esclarecimento e conselho.

Conforme a avaliação feita pelo que disse o seu discípulo, Virgílio, o mestre de visão magnânima, responde-lhe: "é que tua alma cede à covardia, / a qual aliena aos homens a razão / e os tolhe de todo alto empreendimento, / com artes enganando-os de ilusão".

Como Dante vacilava diante da decisão a ser tomada, Virgílio insiste no convite para que Dante o seguisse na empreitada, para que ficasse isento de temor.

Virgílio relatou que se encontrava entre as almas suspensas, quando uma dama beata e bela o chamou, suplicando para que ele se pusesse a serviço de Dante. Quem intercedeu por Dante foi Beatriz, cujos "olhos luziam mais que a estrela", e a sua pátria era a língua italiana.

O exercício pedagógico do amor marca a viagem de Beatriz do Paraíso ao Limbo, no Inferno. A lição criada por Beatriz e

Virgílio prioriza a aprendizagem de Dante. A lição pedagógica da beata e do poeta proporciona ao discípulo, temoroso e hesitante, uma aprendizagem diante de um cenário nebuloso e inesperado.

No Inferno, que é uma escola, Dante é tanto um discípulo guiado pelo seu Mestre Virgílio como cuidado pela sua Protetora Beatriz. A nosso ver, as lições poético-intelecto-pedagógicas que o discípulo recebe são dadas pelo autor da Eneida; as espírito-amorosas são ofertadas pela dama beata, bela e singela. Esses ensinamentos enquadrados em pedagogias responsáveis mudam o ânimo abatido do discípulo, fazendo com que um novo alento lhe suba ao coração e à mente. Do novo aprender, como uma coincidência reflexiva, com o moral elevado, o pupilo se rende aos desejos do seu mestre-guia e da sua protetora.

De acordo com George Steiner, a associação eletiva entre o Mestre e o discípulo torna-se o eixo da viagem. Ocorre uma interação, uma partilha entre eles. O discípulo é nutrido de amor, espiritualidade e saber reflexivo. Nessa viagem, a formação do discípulo não é traída por incapacidade pedagógica.

É em tom didático que Dante Alighieri se refere aos que são encontrados nos contextos pedagógicos do Inferno, do Purgatório e do Paraíso.

8.8 PONTOS DE VISTA TEOLÓGICO-FILOSÓFICO-LITERÁRIO-PEDAGÓGICOS NOS CAMINHOS DA APRENDIZAGEM COMO DO DISCÍPULO N'*A DIVINA COMÉDIA*

O Mestre mostra os caminhos educativos de aprendizagem, indica o percurso adequado, acompanha e guia o discípulo, para que as suas tarefas sejam cumpridas. Esse magistério é louvável, já que até "no Inferno a luz da sabedoria é refletida".

N'*A Divina Comédia*, a pedagogia esboçada é a que provoca, favorece o discípulo para que ele possa alcançar a aprendizagem de um saber-fazer. Ao longo da caminhada pelo Inferno, principalmente, o discípulo metamorfoseia-se. Nesse processo, torna-se protagonista da sua própria aprendizagem. Dessa forma, o Mestre não se concentra em ensinar, mas em acompanhar o desempenho do discípulo na sua construção de aprendizagem.

O Mestre inscreve-se como um mediador entre o discípulo e a sua aprendizagem. Nesse espaço-temporal pedagógico, são instaurados problemas diabólicos, obstáculos enigmáticos, situações de aprendizagem para que o discípulo os contorne e/ou os solucione. Quanto mais o caminho é alargado, mais o discípulo descobre novas vias. Quanto mais conhece outras realidades, ele aprende novas lições. O desempenho do discípulo depende, de certo modo, da atitude do Mestre e do esforço e disciplina dele próprio. Nessas condições, o professor é aquele que, na concepção de Louis Not, mostra ao aluno tudo aquilo que dispõe para aprender.

8.9 NOS CAMINHOS DA APRENDIZAGEM, ALUNO COSMOPOLITA, PRECISA-SE

> O conhecimento do conhecimento. Incorporar ideias de autocrítica e de crítica. O conhecimento do mundo enquanto mundo torna-se necessidade simultaneamente intelectual e vital.
>
> – Edgar Morin

Dante Alighieri, n'*A Divina Comédia,* diz que a pátria da Beatriz é a língua italiana. Já Fernando Pessoa refere que a pátria dele é a língua portuguesa.

Defendemos a ideia, nesta época de globalização, nesta era planetária, de que a nossa pátria é a língua do universo. Assim sendo, o aluno precisa estar preparado para exercer a sua cidadania, sendo, de fato, cosmopolita, inteligente e livre.

A liberdade provém da inteligência. Como a inteligência anda sumida, a liberdade encontra-se desaparecida. Sabemos que a instrução combate o mal, a servidão, a sujeição, a falta de liberdade. No entanto, não tem sido dado incremento e impulso à instrução. Por isso, é preciso velar pela inteligência dos alunos.

LIBELO

Nos caminhos só rectos, não sei ir.
Nos ínvios por que vou, não sei ficar.
Suspenso do passado e do porvir,
Venho e vou, venho e vou!, não sei parar.

Abri asas nas mãos para fugir,
E raízes nos pés para amarrar.
(Levava chão nos pés indo a subir,
Trazia céu nas mãos vindo a baixar...)

Eis, porém, que estes dons ultra-humanizam,
E os homens, meus irmãos, se escandalizam
E me espantam as asas e as raízes.

Assim se castram eles próprios, pobres!
E, tendo-se, mais vis, por mais felizes,
Se satisfazem com seus magros cobres...
  – *José Régio*

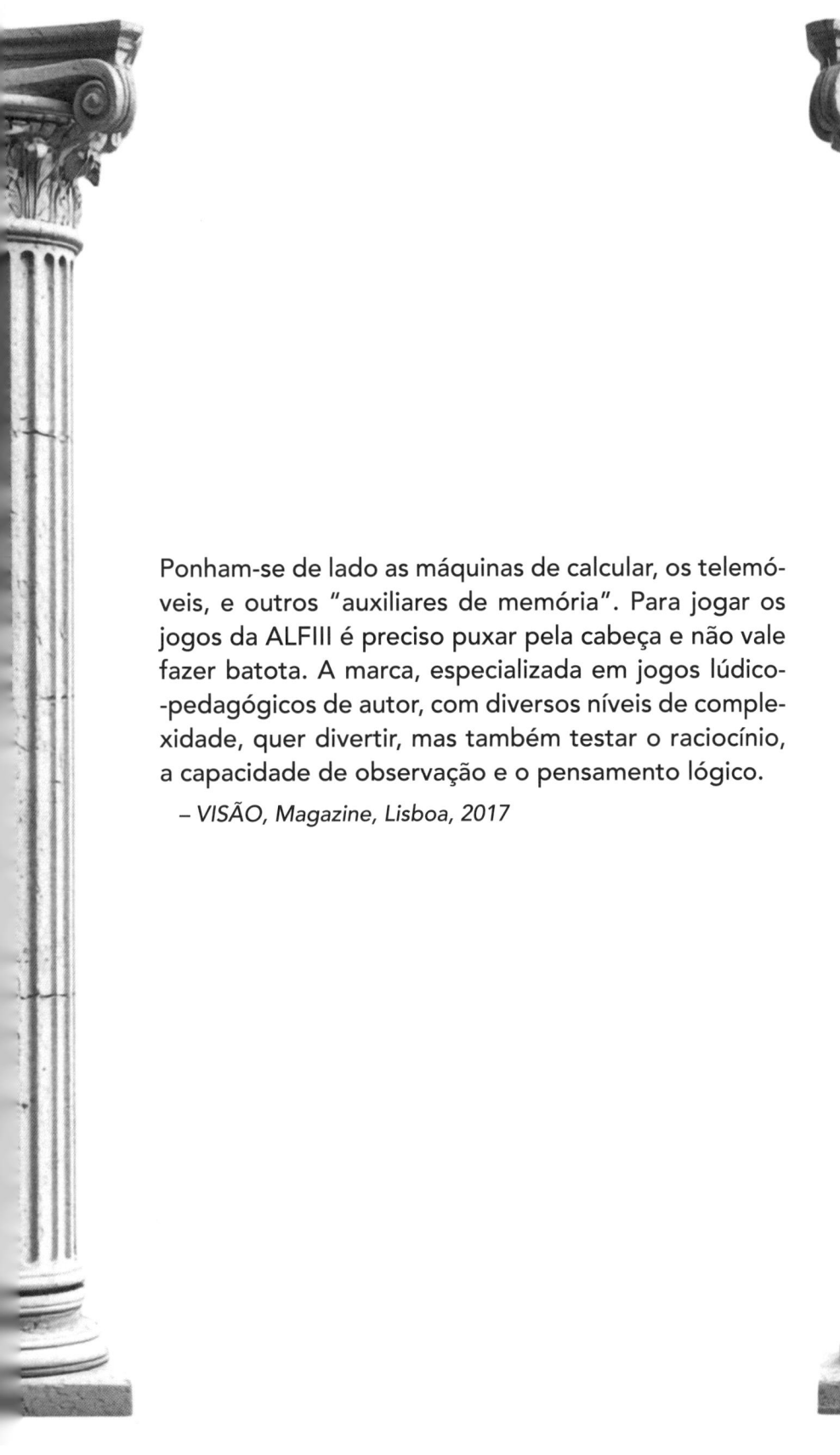

Ponham-se de lado as máquinas de calcular, os telemóveis, e outros "auxiliares de memória". Para jogar os jogos da ALFIII é preciso puxar pela cabeça e não vale fazer batota. A marca, especializada em jogos lúdico-pedagógicos de autor, com diversos níveis de complexidade, quer divertir, mas também testar o raciocínio, a capacidade de observação e o pensamento lógico.

   – VISÃO, *Magazine, Lisboa, 2017*

O Pensador
Por Auguste Rodin
1904

CAPÍTULO 9

O DESENVOLVIMENTO DA INTELIGÊNCIA NA APRENDIZAGEM DO ALUNO

> Necessidades das crianças não são somente da vida física. As da inteligência e as da personalidade, como homem, são muito mais urgentes e muito mais elevadas.
> – Maria Montessori

9.1 "SÃO MORIGERADOS E CORAJOSOS OS LEGÍTIMOS AMIGOS DO SABER"

Na concepção de Jean Piaget, a inteligência seria um pouco como um músculo e com o uso repetido, chegar-se-ia ao aperfeiçoamento. Já na avaliação de François Jacob, a criança não aprende a falar em qualquer altura nem em quaisquer condições.

9.2 O ALUNO É UMA MUSA QUE NÃO TEM APRENDIDO A PENSAR

Konrad Lorenz (1975, p. 153) preocupa-se porque "a seleção marcha muito depressa, é um perigo para a humanidade. Porque o que me inquieta é que, hoje, já se encontra uma certa hostilidade contra o escol de inteligência. Um igualitarismo que proíbe que um homem seja mais inteligente do que a média é a morte de todo o desenvolvimento cultural. Eu sei: é mais fácil denunciar os defeitos do que elaborar programas construtivos".

9.3 O ALUNO DE HOJE PRECISA SER REEDUCADO

O aluno de hoje, o que ele pensa, o que ele sabe fazer? O crédito da melhoria da aprendizagem, do aperfeiçoamento do conhecimento, do avanço intelectual pode ser proveniente do grau de obstáculos, de enigmas instaurados pela pedagogia do aluno. Os problemas que devem ser resolvidos provocam a reflexão, eles favorecem o saber-fazer.

Urge um ensino-aprendizagem que proporcione ao aluno de hoje exercer a competência de "explorador ativo" de tudo que se lhe apresenta, como perspectivas globais.

George Steiner (1975, p. 17) lembra-nos: "no judaísmo, a liturgia inclui uma benção especial para as famílias, em que pelo menos um dos filhos segue a carreira do estudo". É uma cultura que dá valor e visibilidade aos estudos e amor ao saber.

Sabemos que, muitas vezes, a educação tem sido hostil aos espíritos críticos. O aluno precisa estar sempre em movimento dentro do contexto educativo, e em trânsito para outras culturas, pois a pobreza na aprendizagem reflete a obscuridade do aluno.

Com autoridade e eficácia, o ensino-aprendizagem deve preparar o aluno com um coração doce, caráter rijo, cérebro qualificado e espírito luminoso, com lições democráticas mas não piegas, lições sérias, reflexivas, que penetrem no espírito, na formação do aluno.

9.4 "INTERLIGAÇÃO ENTRE SAÚDE MENTAL, EDUCAÇÃO E APRENDIZAGEM NA ATITUDE DE APRENDER PARA O BEM-ESTAR"

Kickbusch (2012, p. 41 e 61), salienta que o "direito a um sentimento de bem-estar espiritual está firmemente estabelecido na Convenção das Nações Unidas de 1989 sobre os Direitos da Criança, que atribui claramente a todos os envolvidos o dever de assegurar que o bem-estar espiritual da criança ou do jovem é cultivado em conjunto com o seu bem-estar físico e intelectual".

Ao destacarmos a ligação mútua entre a aprendizagem e o bem-estar, ao investirmos nas competências e conhecimentos globalizantes dos alunos, devemos cultivar as suas qualidades humanas. Consideramos também nas políticas de aprendizagem a interdependência de fatores cognitivos, emocionais, culturais e contextuais.

9.5 O ALUNO NUMA VIVÊNCIA DE VIGÍLIA DO SABER

Nesta era da desaprendizagem do essencial, proclamamos uma vivência estudantil de vigília do saber. O aluno precisa viver a aventura peregrinante da caça ao tesouro da aprendizagem culta. Precisa desapegar-se da cegueira da educação mal orientadora, do exercício pedagógico mal criado e mal resolvido. Poderíamos dizer que hoje o aluno é uma musa que não tem aprendido a pensar.

McLuhan (1977, p. 27) é categórico ao dizer: "o homem vem do mundo da lógica para entrar no da mística, com percepções imediatas". Para McLuhan, a linguagem é um vestuário. Sendo assim, o aluno precisa, muitas vezes, despir-se de certas vestes linguísticas, culturais e mentais para exercer o questionamento desse vestuário, passando a escolher novas vestes.

Uma educação, na concepção de Durkhein, não se limita a dar apenas conhecimentos mais numerosos, mas construir no aluno um estado interior e profundo para a vida toda.

Helen Keller pontua: "o conhecimento é amor, luz e visão". Por sua vez, Jean-Jaques Rousseau refere que "a faculdade distintiva do ser ativo ou inteligente é de poder dar um sentido à palavra é".

9.6 O ALUNO APRENDENDO A SER UNIVERSAL E ESCLARECIDO

É imprescindível que o aluno aprenda a olhar e ver, a suspeitar e questionar sempre, para que ele não fique dependente de estímulos exteriores próprios de um poder que lhe torne alienado, em um estrangeiro de si mesmo.

O aluno-cidadão do mundo tem que ser íntimo de si mesmo e um amigo de conhecimentos planetários. Ele tem que fazer do distante próximo; tem que se avizinhar do que se encontra longe, para conviver com o mundo. Portanto, o aluno precisa ser universal.

9.7 O ALUNO É UM APRENDIZ E NÃO UM ENSINADO

Diante do quadro degradado do ensino-aprendizagem, da inoperância político-cultural, o aluno, alicerce da arquitetura do universo, deve posicionar-se como sentinela. Ele não pode ser abatido pela crise educacional. Quem quer ser competente na sua área tem que se impor desafios.

O aluno, para aprender, tem que estar focado naquilo que lhe é significativo; manter uma direção firme, determinado para tal; ter coerência no que faz, ser fiel aos seus princípios e aos seus estudos. Assim, poderá ver o que se lhe apresenta e fazer as escolhas certas.

O professor põe-se como um embaixador de mentalidades, de espiritualidade e de ética. A habilidade do saber-fazer do professor pode corresponder ao saber-fazer do aluno.

O aluno precisa romper com o valor cativante dado ao facilitarismo pedagógico. Pois, bem uma formação integral adequada e contínua não há alunos, apenas espectros.

Sendo o homem um ser inacabado, que foi se fazendo aos bocados, que não chega a ficar inteiro, o ato de aprender, de mesma forma, não pode ser finalizado. De forma que o aluno tem que estudar ao longo da vida para o inesperado.

Em relação ao ato de ensinar do professor, sublinhemos a primazia do ato de aprender do aluno; dado que este supera aquele. O aluno aprende verdadeiramente quando é sujeito da construção do seu próprio saber! Cousinet é categórico ao dizer que "o aluno é um aprendiz e não um ensinado".

Alunos, sigam a recomendação de Nadia Boulanger: "não façam apenas o vosso melhor; façam melhor do que isso!".

Diógenes disse: "procuro um homem". Nós dizemos: procuramos estudantes que façam o melhor do melhor!

> Toda a virtude cardeal isola. A inteligência isola. A independência isola. A honestidade isola. A coragem isola. A sabedoria isola.
>
> – Montherlant

LIBERTAÇÃO

Menino doido, olhei em roda, e vi-me
Fechado e só na grande sala escura.
(Abrir a porta, além de ser um crime,
Era impossível para a minha altura...)

Como passar o tempo?... E diverti-me
Desta maneira trágica e segura:
Pegando em mim, rasguei-me, abri, parti-me,
Desfiz trapos, arames, serradura...

Ah, meu menino histérico e precoce!
Tu, sim!, que tens mãos trágicas de posse,
E tens a inquietação da Descoberta!

O menino, por fim, tombou cansado;
O seu boneco aí jaz esfarelado...
E eu acho, nem sei como, a porta aberta!

– José Régio

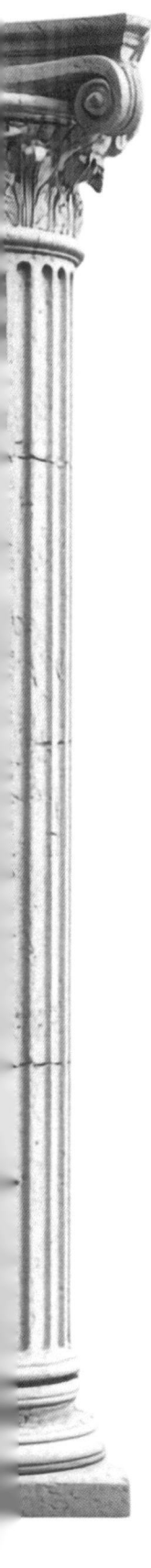

Pobre do discípulo que não supere o mestre.
– *Leonardo da Vinci*

Só o contato com os problemas e as dificuldades, só a busca interessada das soluções são capazes de educar.
– *Pestalozzi*

Aquilo que me parece irrefutável é que qualquer Mestre que ensine deliberadamente a falsidade ou a desumanidade (são a mesma coisa) ao seu discípulo entra na categoria do imperdoável.
– *George Steiner*

Escola de Atenas
Por Rafael
1509–1511

CONCLUSÃO

> O conhecimento que procuramos é ilimitado, pois assume a forma de uma interrogação contínua.
> – *Umberto Eco*

> Aprender é uma diminuição da dependência.
> – *Benoît Bunico*

> Com grande ardor me aprofundei no estudo; sei muito, mas quisera saber mais.
> – *Johann Wolfgang von Goethe*

Ao longo desta obra, plantamos as sementes da aprendizagem, visando colher os frutos que permitam ao aluno passar pela porta kafkiana e aprender a ser um cidadão do mundo, responsável e competente.

É a nossa experiência que dita as nossas palavras ao aluno em defesa do exercício pedagógico assíduo e atento. Por termos incorporado o espírito da arte de aprender, achamo-nos no direito e no dever de convocar o aluno à prática da aprendizagem como uma necessidade saudável, em toda a sua dimensão, para ele se libertar das amarras do analfabetismo funcional e para não se escravizar.

Constatamos que a iliteracia no ensino-aprendizagem conduz à fratura social; que o aluno letrado e reflexivo encontra-se em extinção, enquanto o iletrado, moldado pela ignorância, invade os espaços sociais.

São muitas as implicações pedagógicas débeis nessas circunstâncias. Para a determinação desse contexto, elencamos, entre outras causas, a inadimplência da família, o fracasso da escola, a impotência das autoridades competentes, o descaso social, a deficiência cultural. De forma que há quase uma proibição de pensar reflexivamente. Há os entraves na melhoria do ensino-aprendizagem também provenientes de cada um de nós.

Vimos que há analfabetos propriamente ditos, os analfabetos funcionais e os iletrados sob o signo da iliteracia. Que há um prejuízo da meia-cultura na aprendizagem. Ramalho Ortigão declara que "a falsa instrução tem esta perfídia: não dá o ensino e inibe de o tomar".

Está feita a prova, diz J. Guéhenno (1974, p. 17-18), "de que, decididamente, saber ler, escrever e contar não basta. Ao invés, acreditamos que essa espécie de meia-cultura prepara por ventura, em certa medida, patetas e escravos mais fáceis... que verificamos todos os dias? Que, infelizmente, os homens aos quais se ensinou apenas a ler, escrever e contar podem não passar de melhores escravos e tornar-se, sem dúvida, ainda mais difícil defendê-los da meia-cultura que da ignorância".

Revoltamo-nos mediante o testemunho, em muitos casos, de um processo de critinização na cultura do ensino-aprendizagem. Cremos que a posição dos educadores pode exorcizar o espectro do mal, arruinador de cérebros, de almas, de valores, de princípios.

O empenho pedagógico medicatório pode extirpar esse cancro devastador! Ainda confiamos no papel do professor, guiando o aluno pelos caminhos pedagógicos, mais infernais que celestiais.

Tornamo-nos sabedores de que a oferta excessiva de entretenimento, o apetite da banalização da aprendizagem, a corrente hedonista na pedagogia romântico-assistencialista impedem o aluno de aprender convenientemente. Não existe imunidade contra essa corrente. Assim posto, a aprendizagem fica a reboque da atitude desprovida de vigilância do que se nega a fazer esforços.

Nessas condições de facilidades, o aluno Sherlock Holmes não é bem-vindo. A carência de aprendizagem de reflexão encontra compensação no barulho das palavras que divertem. Para que esse quadro seja revertido, é preciso adotar um enfoque intelecto-ético-espiritual no aprender.

Hoje, refere George Steiner, "a noção de sábio roça o risível. A consciência é populista e igualitária, ou finge sê-lo". Para nós, o maior massacre é o do desamor à sabedoria e ao espírito crítico, é o da desautorização à prática de uma excelente aprendizagem. Cumpre ao aluno romper os laços com o que lhe tolhe o pensamento. Salomão pregava que a mente e o coração têm que ser inteligentes.

Colhemos as ideias de que é preciso desenvolver uma abordagem instrutiva da pedagogia para tornar o aluno culto; que ele se torna competente quando recebe um ensino que não se descuida da literacia; que aprender é tornar-se outro, é metamorfosear-se.

Descobrimos que uma educação de qualidade é uma âncora na aprendizagem do aluno, de forma que o magistério que o professor exerce consiste em uma paideia, para usarmos uma imagem de Luis Machado de Abreu. Cabe ao ensino-aprendizagem estancar a crise hemorrágica intelecto-pedagógica que se espraia como uma tarântula.

Aprendemos, entre outros temas, que em tudo o que for intercambiado, o raciocínio tem de ser norteador. O que pressupõe uma cultura de mentalidade tendo o magistério de perseguir a trajetória do aluno, o que se constituí numa tarefa de Sísifo; mas não executar essa tarefa é um atentado ao aluno, ao processo educativo. "Ensinar, ensinar bem, é ser cúmplice de possibilidades transcendentes", proclama George Steiner.

Espelhando-nos em Alexandre Dumas e Ernest Renan, por exemplo, apelamos à seriedade no ensino-aprendizagem, à arte de promover o pensar reflexivo para formar o aluno que não seja "um cão de Pavlov".

A questão da urgência da aprendizagem com qualidade, sempre num âmbito universal, esteve entre as nossas preocupações cimeiras, quer no tocante às atividades propostas e de debates que facultativam.

Salientamos, nestes dados de conclusão, que é incontornável, na questão da aprendizagem, os papéis da família, da comunidade, da sociedade, das instituições culturais e das autoridades competentes, acrescidos os da escola. Afinal de contas, "a escola não pode tudo".

Não obstante, devemos sublinhar que toda a proposta de atividades deveu-se ao nosso emprenho quanto à prática baseada na teoria que exploramos e nos exemplos que elencamos, que se inserem na nossa visão de aprendizagem e no nosso conceito de aluno responsável.

No final da elaboração deste trabalho, ficaram-nos algumas ideias que valem a pena ser realçadas. Entre elas, que o aluno tem um ofício; que o querer aprender deve partir do próprio aluno, que ele deve ser sujeito do seu crescimento escolar; que o aprender é um modo de abolição do aluno, em que ele amplia a visão de si mesmo e do mundo; que o aluno é um projeto a ser reconhecido; que ele tem os semblantes conforme a sua aprendizagem; que esta se faz fruto de uma construção por se fazer, não de uma dádiva certa.

Verificamos que o aluno tem estado em férias de atividades reflexivas, tendo por conseguinte em haver estudos vencidos e um défice de avanço intelectual. Diante desse quadro-problema, é fulcral a questão de uma cultura de responsabilidade educadora. Do contrário, toda a pessoa recém-nascida precisaria ter um seguro que lhe amparasse contra os malefícios que a deseducação possa lhe causar.

Nesse percurso, o labirinto de Creta simboliza a escrita mitológico-filosófica e a interiorização do conhecimento. A metáfora de Teseu é uma aprendizagem valiosa e preciosa na conscientização dos tributos que pagamos, e que somos penalizados pela carga, pelo peso, pela abrangência da nossa deseducação. Em Cnossos, o labirinto é uma obra de arte que proporciona aprendizagem, sendo esta sempre renovada com o conhecimento.

Cumpre ao aluno sentir-se parceiro de Teseu nos meandros do labirinto e na execução do Minotouro, a fim de que seja cumprida a eliminação dos tributos que pagamos pela nossa ignorância.

O aluno só pode se conhecer por meio da comparação. Pois para conhecer é preciso comparar, e para comparar é necessário conhecer, de modo a desconstruir a ignorância na aprendizagem de si mesmo e da cultura nacional e mundial.

Investimos no aprender mais e melhor porque para nós é participar de uma revolução intelectual, é possibilitar um renascimento espiritual; é uma vivência ética; é uma atitude de descoberta estética; é melhorar os níveis de conhecimento; é ampliar os níveis de literacia. E porque, como pensa Guilherme de Oliveira Martins, "não há nitidez de espírito sem ideias claras e distintas".

Uma ideia que advogamos e cuja validade reconhecemos é a política de amor à aprendizagem competente e responsável, aos valores, a de conquistar e ser conquistado pela consciência esclarecida, pelo conhecimento.

Inserimos, no campo temático deste livro, a leitura porque, de acordo com a nossa compreensão, o aluno pode aprender a conhecer e compreender a si, o outro e o planeta pela prática da leitura.

Gostaríamos, ainda, de referir que o aluno pode aprender a ler e a gostar de ler antes do processo pedagógico da leitura encetado pela escola. Ou seja, o aluno pode ler antes de ler. Portanto, a leitura deve ser essencial na educação familiar e nos projetos educativos do ensino-aprendizagem.

Fazemos nossas as palavras de René-Lafite a respeito da pedagogia de leitura, adaptando-as aos princípios da aprendizagem. Ou seja, não pode haver uma pedagogia da aprendizagem que não esteja inscrita numa pedagogia global.

Procuramos dar exemplos de estudos que versam sobre a formação do aluno com coração doce, cabeça pensante, caráter rijo e movido pelo dom do Espírito da Luz. Deduzimos que uma política do aprender a aprender bem pode consolidar a existência de um aluno cidadão do mundo competente, que alimente um espírito clarividente e exercite um entendimento nítido.

Procuramos cumprir a tarefa de moderadores em uma cultura de aprendizagem que dê condições à formação de um aluno emancipado, dando visibilidade ao seu conhecimento universalizado. Consoante o empenho, a responsabilidade, as estratégias e as competências dos educadores, podemos avaliar os resultados obtidos pelos alunos ao longo da sua aprendizagem.

Na elaboração desta obra, pensamos que é urgente aprender com eficiente responsabilidade para compreender que, na avaliação de Platão (1957, p. 178), "não há nem nas coisas, nem nos raciocínios, nada de são nem de firme, mas todas as realidades simplesmente se voltam como o fluxo do Euripo ora para cima, ora para baixo, sem se estabilizar tempo nenhum em direção nenhuma".

Tornamo-nos sabedores de que a aprendizagem se dá num mundo multicultural; que, não havendo uma declaração dos direitos da aprendizagem, torna-se necessário defendermos os princípios que a constitui.

Visto que o aluno incorporou a Branca de Neve, para despertá-lo e poder efetivar a sua aprendizagem, ele conta com o professor, na condição de príncipe encantado.

Consideramos relevante a proposta de Gilberto Freyre para a implantação de uma pedagogia para alargar nos alunos "as aspirações e a consciência de novas necessidades tanto intelectuais como físicas, tanto pessoais como cívicas". Assinalamos essa proposta para desfazer o crescimento da estreiteza de motivos pedagógicos como os de aprender, conhecer, ler, escrever, de défice de intercâmbios culturais e de cultivar a universalidade na aprendizagem.

A dieta raquítica na aprendizagem pode vir a causar uma anemia profunda nos alunos. A falta de proteína elevada no conhecimento pode desencadear flacidez no cérebro, enquanto a carência de vitaminas na visão crítica pode produzir a miopia do olhar. Assim sendo, além do aluno ficar deficitário de uma terceira visão, a subtração de nutrientes do ouvido elimina e/ou descarta a condição de uma terceira audição.

Nesta conclusão, as nossas restrições são, principalmente, para o entretenimento exacerbado dispensado ao aluno, à oferta de pobreza contextual, ao desleixo moral, ao despreparo linguístico; acima de tudo, à acomodação intelecto-espiritual.

Dada essa constatação, pensamos ser inadiável uma convocação forte ao que concerne à inovação de aprendizagem. Afigurase-nos construir uma incontornável saída de superação da crise da arte de aprender.

Rogamos para que esteja no espírito do aluno "mais acesa do que satisfeita a sede de aprender". Predicativo que Galileu Galilei referia aos seus amigos de conversação, de ideias: o Sr. Giovan Francesco Sagredo, agudíssimo de espírito, e o sr. Filippo Salviati, intelecto sublime.

Desejamos que o aluno, pela arte de Hefesto, o industrioso artesão, maneje as suas mãos no exercício da escrita. Por inspiração de Palas Atena, exercite a sua mente na arte de pensar reflexivamente. Pelos auspícios das Musas, cante hinos à sabedoria. Imbuído do poder de Prometeu, mesmo agrilhoado aos problemas, busque o conhecimento. Pelo dom de Hermes, esteja sempre em trânsito para a mundialização do saber. Ciente de que Arquimedes, ao trabalhar, juntava a lira de Apolo ao seu compasso; que Cyrano de Bergerac, ao lutar, dizia versos enquanto dava estocadas; ao passo que Arquíloco firmava numa mão a espada e noutra a pena.

Esperamos que o aluno aproveite esses exemplos na sua aprendizagem, para diversificar as suas estratégias na arte de ser e de fazer bem. Que ele acerte as setas de Apolo no alvo do compromisso com o saber. Que acolha o sopro do Espírito Santo na sua vida de estudioso. Que ele não acuse a si próprio, no futuro, por não exercitar agora o seu pensamento. Que não se arrependa mais tarde por não ter expressado hoje as suas opiniões; por não ter dado as suas ideias; por ter-se deslocado de certos conhecimentos, se desfamiliarizado de certos valores, se desbaratado em certos contextos.

Guilherme de Oliveira Martins (2014, p. 31) lembra que "Pico Della Mirandola considerava que as 'humanidades' iam do conhecimento e da sabedoria no domínio da literatura e das artes até ao espírito filosófico e científico – nada do que é humano pode ser-nos estranho. É, pois, indispensável aprender a ler o mundo que nos cerca nas suas diferentes expressões".

Conforme as nossas propostas, defendemos uma revolução intelectual, uma batalha de ideias, de saberes, de valores, em que a aprendizagem seja uma arma e o aluno, protagonista dessa revolução, esteja sempre com o dedo no gatilho do conhecimento global para fazer acionar esses princípios, alcançando a humanidade.

Insistimos para que se juntem a nós, nesta empreitada, a fim de refletirmos, questionarmos, avaliarmos, inquietarmo-nos, desassossegarmo-nos, ousarmos e acompanharmo-nos no exame do papel do aluno; não só na sua comunidade, também no mundo.

Rogamos que as nossas propostas não sejam rejeitadas, pior ainda, ignoradas, tampouco as suas adesões sejam desertadas. Por isso, perguntamos que eco a nossa obra terá.

Esperamos ter contribuído para que essas questões de aprendizagem e sobre o aluno sejam aprofundadas. Afinal, a aprendizagem vivida e o conhecimento adquirido pelo aluno sustêm efeito no próprio aluno e na sociedade, inovando-os.

Aprendemos com Demócrito de Abdera que a natureza e a educação são algo semelhante. Porque a educação transforma o homem, e através desta transformação cria uma natureza. Esse filósofo pré-socrático nos adverte de que a arte e a ciência não são atingíveis sem estudo, visto que somente com esforço se aprende no estudo as coisas nobres; enquanto as que não o são colhem-se por si e não exigem esforço. Ainda, conforme a visão desse pensador, o pior que se pode ensinar à juventude é a leviandade, pois é ela que provoca aqueles desejos que desenvolvem a perversidade.

Por tudo o que desenvolvemos e defendemos, compartilhamos plenamente a concepção de Santo Agostinho sobre a comunicação como uma prática educativa, ao se referir: "aqueles que nos falam se não nos ensinam é como se não nos falassem".

Para concluirmos uma das nossas reflexões sobre os temas retores, nesta obra, tornamos nossas as palavras de Bernhard Schlink (1900, p. 124), no seu livro *O Leitor*, quando diz: "O analfabetismo é imaturidade. Quando Hanna arranjou coragem para aprender a ler e a escrever, deu o passo da imaturidade para a maturidade, um passo para a renascença".

Ao chegarmos no final da linha de tudo o que foi apurado, podemos dizer que não sabemos de onde viemos; que não sabemos para onde iremos; só sabemos que não queremos ir para o futuro do ensino-aprendizagem por caminhos e contextos deseducados.

Ao finalizarmos esta obra, o fazemos com os ensinamentos de Ilona Kickbusch, desenvolvidos na obra *Learning for well-being* [*Aprender para o bem-estar*], em que é lançado um apelo para uma nova visão que se baseia em mudar: mudar a forma como pensamos nas crianças, na sociedade, em nós próprios.

Gianni Vattimo (1998, p. 10), na sua obra *As aventuras da diferença*, diz que "o novo pensamento que Nietzsche quer elaborar exerce-se à luz de eterno retorno do igual, isto é, de uma unidade entre a essência e a existência, entre a existência e o significado, que apenas se pode dar em virtude de uma radical transformação das relações sociais, no interior do indivíduo antes de se operar no seu exterior".

Trouxe-te aqui, usando engenho e arte; mas só teu juízo agora te conduz para à suprema via impulsiona-te. Não mais minha voz irás ouvir: dispões de livre e íntegra vontade e só com ela deves prosseguir.
Imponho-te o laurel da liberdade!

– *Dante Alighieri*

No habría hecho ese aprendizaje si no lo hubiera escrito y nunca lo habría escrito sino pensaba que algunos lectores lo tendrían en sus manos. Así que gracias, y hasta siempre.

— Isabel Solé

A ciência realmente só tem alcançado tornar mais intensa e forte uma certeza: — a velha certeza socrática da nossa irreparável ignorância. De que cada vez sabemos mais — que não sabemos nada.

— Eça de Queiroz

A verdadeira originalidade ofende —, na medida em que mais ou menos todos rebuscam e arremendam qualquer originalidade a todo o custo.

— José Régio

Ruínas do antigo Templo de Apolo em Delfos, com vista para o vale de Fócida.

PROPOSTA DE ATIVIDADES

Estabelecer comparação entre:
- Prática de saberes de alunos do seu país com alunos de outros países.

Refletir sobre o que sentencia Eckart:
- "O intelecto e o amor são os leves sapatos que a alma calça".

Desenvolver estas afirmações:
- Jean-Paul Sartre refere que a liberdade é antes de mais nada a faculdade de dizer não;
- Nietzsche proclama que o verdadeiro artista é aquele que passa por várias metamorfoses, sendo a principal a metamorfose em criança, posto que esta afirma o que quer e diz não.

Praticar a adoção de:
- Livros, escritores, personagens, temas, ideias, valores, palavras-chave, e outros.

Debater e pôr em prática estas questões:
- Discutir o conceito de aluno-Teseu e de aprendizagem do labirinto;

- Os alunos criando situações, problemas os alunos criando situações, problemas para serem discutidos com outros alunos da mesma comunidade escolar, do mesmo país e de outras culturas diferentes;
- Participação dos alunos em eventos propostos por entidades fora da escola, que tenham uma utilidade concreta;
- Selecionar algumas publicidades e fazer uma análise delas, com uma abordagem interdisciplinar;
- Estabelecer parcerias entre alunos de uma instituição de ensino com outros, de outras;
- Escolher temas, personagens, cidades, países, pensadores, lugares imaginários, como "o país das maravilhas", e outros; justiçar as razões das escolhas;
- Como um aluno de expressão portuguesa vê culturalmente outro aluno de outro país, face à globalização?
- Criar comitês de empreendedores de investimento na política do ensino-aprendizagem como expressão de literacia;
- Intercâmbios de experiências de leituras, num contexto educativo, numa perspectiva interdisciplinar e intercontextual;
- Veicular trabalhos escolares em revistas especializadas na área do ensino-aprendizagem;
- Produzir um trabalho coletivo na Internet, a partir de um determinado tema;
- No final do ano letivo, fazer uma apresentação pública dos trabalhos realizados.

Aprender sobre o signo de:
- Narciso, fonte de reflexão e autoconhecimento;
- Atena, o poder da sabedoria;
- Zeus, a arte das metamorfoses;
- Sísifo, a tarefa inacabada;
- Apolo, equilíbrio, beleza, poesia;
- Dioniso, o inesperado, surpreendente, mascarado;
- Afrodite, beleza deslumbrante, sedução;
- Orfeu, o encantamento pela musicalidade;
- Eco, símbolo de repetição;
- Prometeu, a arte da ousadia, buscando conhecimento, liberdade;
- Hermes, a excelência nas interpretações, nas argumentações, nas emissões e recepções de mensagens, fonte de hermenêutica;
- Hesíodo, os trabalhos e os dias;
- Aquiles, o ponto fraco, a vulnerabilidade;
- Odisseu, astúcia, criação de estratégias, genealidade, presente grego;
- Penélope, fidelidade, embrião da desconstrução, desfazer redes de discursos;
- Proust, os prazeres e os dias;
- Sherlock Holmes, abertura de espírito, interligação de ideias, usos oblíquos de conhecimentos.

Cântico negro

'Vem por aqui' – dizem-me alguns com os olhos doces,
Estendendo-me os braços, e seguros
De que seria bom que eu os ouvisse
Quando me dizem: 'vem por aqui!'!
Eu olho-os com olhos lassos,
(Há, nos meus olhos, ironias e cansaços)
E cruzo os braços,
E nunca vou por ali...

A minha glória é esta:
Criar desumanidade!
Não acompanhar ninguém.
– Que eu vivo com o mesmo sem-vontade
Com que rasguei o ventre a minha mãe

Não, não vou por aí! Só vou por onde
Me levam meus próprios passos...
Se ao que busco saber nenhum de vós responde,
Por que me repetis: 'vem por aqui!'?
Prefiro escorregar nos becos lamacentos,
Redemoinhar aos ventos,
Como farrapos, arrastar os pés sangrentos,
A ir por aí...

Se vim ao mundo, foi
Só para desflorar florestas virgens,
E desenhar meus próprios pés na areia inexplorada!
O mais que faço não vale nada.

Como, pois, sereis vós
Que me dareis machados, ferramentas e coragem
Para eu derrubar os meus obstáculos?...
Corre, nas vossas veias, sangue velho dos avós,
E vós amais o que é fácil!
Eu amo o Longe e a Miragem,
Amo os abismos, as torrentes, os desertos...

Ide! Tendes estradas,
Tendes jardins, tendes canteiros,
Tendes pátrias, tendes tectos,
E tendes regras, e tratados, e filósofos, e sábios...
Eu tenho a minha loucura!
Levanto-a, como um facho, a arder na noite escura,
E sinto espuma e sangue, e cânticos nos lábios...

Deus e o Diabo é que me guiam, mais ninguém!
Todos tiveram pai, todos tiveram mãe;
Mas eu, que nunca principio nem acabo,
Nasci do amor que há entre Deus e o Diabo.

Ah, que ninguém me dê piedosas intenções!
Ninguém me peça definições!
Ninguém me diga: 'vem por aqui'!
A minha vida é um vendaval que se soltou,
É uma onda que se alevantou,
É um átomo a mais que se animou...

Não sei por onde vou,
Não sei para onde vou
– Sei que não vou por aí!
   – José Régio

REFERÊNCIAS

ADAIR HERNÁNDEZ, F. *Aprender com os melhores.* 9 ed. Lisboa: Planeta de Livros Portugal, 2022.

ADLER, M. J. *How to read a book.* New York: Simon and Schuster, 1940.

AGUIAR E SILVA, V. M. A teoria da desconstrução, a Hermenêutica literária e a ótica da leitura. O Escritor. *Revista da Associação Portuguesa de Escritores,* n. 1, março de 1993.

AIRES, L. M. *Disciplina na sala de aulas.* 2 ed. Lisboa: Edições Sílabo, Lda., 2010.

ALIGHIERI, D. *A divina comédia.* 2 ed. bilíngue. Venda Nova: Bertrand Editora, 1996.

ALTET, M. *As pedagogias da aprendizagem.* Lisboa: Instituto Piaget, 1999.

ALVES DE PAIVA, W. Emílio: Texto e Contexto. *Revista Portuguesa de Pedagogia,* ano 45-2, 2011.

ALVES, E.; LEÓNIDAS, M.; TORRES, M. (org.). *Promoção do sucesso educativo. Projetos de Pesquisa.* Lisboa: Fundação Calouste Gulbenkian, 2012.

ALVIM CORRÊA, R. *O mito de prometeu – ensaios literários.* Rio de Janeiro: Editora AGIR, 1951.

AMARAL, A. Apostas no ensino e na investigação. *Jornal de Letras, Artes e Ideias,* ano XXXIV, n. 1135, 2 a 15 de abril de 2014, Lisboa.

ANGÜELLES, J. D. *Que leen los que no leen?: el poder inmaterial de la literatura: la tradicion literária y el hábito de leer.* México: Paidós, 2003.

ANSELMO, A. *Livros e mentalidade.* Lisboa: Guimarães, 2003.

APTER, E. *The translation zone – a new comparative literature.* Princeton e Oxford: Princeton University Press, 2006.

ARENDT, H. *Homens em tempos sombrios.* Lisboa: Relógio D'Água Editores, 2021.

ARRIVÉ, M. *Le linguiste et l'inconscient.* Paris: PUF, 2008.

ASCENÇÃO, Jorge. É preciso que se queira. *Jornal de Letras, Arte e Ideias,* ano XXXIX, n. 1277. Lisboa, 2019.

ASTOLFI, J. *L'écola poun apprendre.* Paris: ESF, 1992

AUTIN, J. L. *How to do things with words.* Oxford: Oxford University Press, 1978.

AZEVEDO, F. Literacias: Contextos e práticas. *Modelos e Práticas em Literacia.* Lisboa: LIDEL. P. A., 2009.

AZEVEDO, J. Síntese de Conferência. *Novo Conhecimento Nova Aprendizagem.* Lisboa: Fundação Calouste Gulbenkian, 2000.

BALDAQUE, L. Um Filme sobre a leitura. *Jornal de Letras, Artes e Ideias,* ano XXIII, n. 869, 21 de janeiro a 3 de fevereiro de 2004, Lisboa.

BANDET, J. Prefácio. In: MIALARET, G. *A aprendizagem da leitura.* Lisboa: Editorial Estampa, 1974.

BARROS-OLIVEIRA, J. H. *Santos ao Ritmo da Liturgia.* São Paulo: Editora Paulus, 2010.

BARRETO, A. *Tempo de incerteza.* Lisboa: Relógio D'Água, 2022.

BARTHES, R. *Escrever para quê? Para quem?* Lisboa: Edições 70, [1978].

BARTHES, R. *et al*. Entrevista ao L'Express. *Mais além com...* Lisboa: Europa-América, 1975.

BARTHES, R. *Poétique* – 1. Paris: Ed. du Sevic, 1970.

BASTOS, G. Fantasia e realidade na literatura para crianças. *Discursos, Estudos da Língua e Cultura Portuguesa*, n. 8, outubro de 1994. Coimbra: Universidade Aberta, 1994.

BAUMAN, Z. *A vida fragmentada*: ensaios sobre a moral pós-moderna. Lisboa: Relógio d'água, 2007.

BEARD, R. *et al. Como se Aprende a Ler?* Lisboa: Fundação Francisco Manuel dos Santos, 2010.

BEATON, R. *Os gregos: uma história global*. Coimbra: Edições 70, Edições Almedina, 2023.

BEDIN, V. *et al*. (org.) *Aprender*. Lisboa: Edições Texto e Grafia, 2015.

BELLCHIOR, M. L.. *Os homens e os livros*. Lisboa: Editorial Verbo, 1971.

BELLENGER, L. *Les méthodes de lecture*. Paris: PUF, 1978.

BENNEFOY, Y. *Sous l'horizon du langage*. Paris: Mescure de France, 2002.

BERBAUN, J. *Devélopper la capacite d'apprendre*. Paris: ESF, 1992.

BERTOLOTTI, G.; *et al. Ermeneutica*. Milano: Rafaello Cortina Edittore, 2003.

BESSIERE, J. *Enigmatícite de la littérature*. Paris: PUF, 1993.

BISSEX, G. *A child learns to write and read*. Cambridge, Mass: Harvard University Press, 1980.

BLANCHOT, M. *L'espace littéraire*. Paris: Gallimard, 1968.

BLANCHOT, M. *Le livre à Venin*. Paris: Gallimard, 1968.

BLOOM, H. *A angústia da influência*. Lisboa: Cotovia, 1991.

BLOOM, H. *Como ler e porquê*. Lisboa: Caminho, 2001.

BLOOM, H. *Gênio*: os 100 autores mais criativos de história da literatura. Lisboa: Círculo de Leitores, 2014.

BLOOM, P. *How children learn the meaning of words*. Cambridge, Massachusetts: MIT Press, 2000.

BOÉTIE, E. D. L *Discurso da servidão voluntária*. 4. ed. São Paulo: Editora Brasiliense, 1987.

BOGDAN, R.; BIKLEN, S. *Investigação qualitativa em educação*. Porto: Porto Editora, 1994.

BONBOIR, A. *Pédagogie connective*. Paris: P.U.F., 1970.

BONDANELLA, P. *Umberto Eco e o texto aberto*. Algés: DIFEL 82 – Difusão Editorial, S.A., 1998.

BORGES, J. L. *Ficções*. Porto Alegre: Ed. Globo, 1970.

BORGES, J. L. *Prólogos*. Rio de Janeiro: Rocco, 1985.

BOURDIEU, P. *¿Que significa hablar?* Madrid: Akal, 1985.

BOURDIEU, P. *Leçon sun le Leçon*. Paris: Les editions de minuit, 1982.

BOURDIEU, P. *O que falar quer dizer*. Algés: Difel, 1998.

BOUSOÑO, C. *Teoría de la expressión poética*. Tomo I. Madrid: Gredos, 1976.

BRAGA DA CRUZ, M. Educação e reflexividade. Onde se aprende o quê?. *Cruzamento de Saberes/Aprendizagens Sustentáveis*. Lisboa: Fundação Calouste Gulbenkian, 2002.

BRAGANÇA DE MIRANDA, J. A.; CASCAIS, António Fernando. Prefácio. In: *O que é um autor?* Lisboa: Nova Veja, 9. ed., 2015.

BRAGANÇA, N. O poder de leitura. *Tempo e o modo*, nº 4. Lisboa: abril, 1963.

BRANDER. L. *Aldous Huxley*: a critical study. Londres: Rupert Hart-Davis, 1969.

BREDERODE SANTOS, M. A. et al. *O livro e a leitura: o processo educativo*. Actos do Seminário. Lisboa: CNE, 1994.

BRIOSA E MOTA, H. M. Introdução. *In*: SILVA, A. *Textos pedagógicos I*. Lisboa: Âncora Editora, 2000.

BROTTON, J. *História do mundo em 12 mapas*. Lisboa: Edições 70, 2019.

BRUNSCHWIG, J.; LLOYD, G. *El saber griego – diccionario Crítico*. Madrid: Ediciones Akal, 2000.

BRYANT, P.; BRADLEY, L. *Children's reading problems*. New York: Basil Blackinell, 1988.

BURGER, R. *Plato's phaedrus. A Defense of a Philosophical Arto f Writing*. Alabama: The University of Alabama Press, 1980.

CABALLO VILLAR, M. B. *Cidade educadora*: nova perspectiva de organização e intervenção municipal. Lisboa: Instituto Piaget, 2007.

CALVINO, I. *Ponto Final. Escritos sobre Literatura e Sociedade*. Lisboa: Editorial Teorema, 2003.

CALVINO, I. *Seis Propostas para o Próximo Milênio*. Lisboa: Editorial Teorema, 1994.

CAMARRA, P. *La lecture: pour quoé faire? Le livre et l'enfant*. Col. Orientations/E 3. Paris: Casterman, 1974.

CARDOSO, G. A multiplicação dos Ecrás. Novas formas de leitura ou de leitores? *Conferência Internacional Educação/os Livros e a Leitura: desafios da Era Digital*. Lisboa: Fundação Calouste Gulbenkian, 28 de outubro de 2013.

CARDOSO, M. A. A. *A construção da literacia: da investigação à prática*. Dissertação (C. E. S. E. em Língua e Literatura Infantil) – Universidade de Minho, Instituto de Estudos de Criança, 1999.

CARMELO ROSA, M. Formação ao Longo da Vida: Novas Exigências e Novas Parcerias. *Cruzamentos de Saberes. Aprendizagem Sustentáveis.* Lisboa: Fundação Calouste Gulbenkian, 2002.

CARNEIRO, R. *Fundamentos da educação e da aprendizagem, 21 ensaios para o século 21.* Lisboa: Sodilivros, 2003.

CARNEIRO, R. Nota Introdutória. *In*: MORIN, E. et al. *Novo Conhecimento Nova Aprendizagem.* Lisboa: Fundação Calouste Gulbenkian, 2011.

CARRILHO, M. Quando os alunos assumem contornos de esquizoidia. *Diário de Notícias,* Lisboa, 1999.

CARVALHO, A. D. et al. *Novo conhecimento nova aprendizagem.* Lisboa: Fundação Calouste Gulbenkian, 2000.

CASTELO BRANCO SEQUEIRA. M. C. Repensar a (concepção de) Leitura. *Colóquio Letras.* Lisboa: Fundação Calouste Gulbenkian, n. 193, set/dez, 2016.

CASTRO, A. *Conhecer o conhecimento.* Lisboa: Editorial Caminho, 1989.

CASTRO CAEIRO, A. *Por si próprio.* Lisboa: Fundação Engenheiro António de Almeida, [s.d.].

CEIA, C. *A literatura ensina-se?* Lisboa: Edição Colibri, 1999.

CEIA, C. *Textualidade.* Lisboa: Editorial Presença, 1995.

CELAN, P. *Arte poética. O meridional e outros textos.* Lisboa: Cotovia, 1996.

CHARLES, C. *Essential elements of effective discipline.* Boston: Allyn and Bacon, 2002.

CHARLES, M. *Rhétoniqe de le lecture.* Paris: Sevil, 1977.

CHARLES, M. *Introduction à l'étude des textes.* Paris: Sevil, 1995.

CHARMEAUX, P. *La lecture à l'école.* Paris: Cedic, 1975.

CHARPAK, G.; OMMÈS, R. *Sede sábios, tornai-vos profetas.* Lisboa: Publicações Europa América, 2005.

CHARTIER, A.-M.; HÉBRAND, Jean. *La lectura de um siglo a outro.* Barcelona: Gedisa, 2002.

CHARTIER, R. (org.). *Práticas de leitura. Debate entre Pierre Boundieu e Roger Chartien.* São Paulo: Edição Liberdade, 1996.

CHILD, D. *Psychology and the teacher.* 8. ed. New York: Continuum, 2007.

CIMAZ, J. *O poder de ler.* Porto: Ed. Civilização, 1978.

CINATI, P. *Ulisses e a Odisseia.* Lisboa: Livros Cotovia, 2005.

CITOLER, S. D. *Las dificultades de aprendizaje: un enfoque cognitivo. Lectura, escritura, matemáticas.* Granoda: Ediciones Aljibe, 1998.

CLAY, M. *What did I write?* Auckland: Heineman, 1975.

CLEMENTE LINUESA, M.; RAMÍREZ ORELLANA, E. *Primeiros Contactos con la lectura ler sin saber leer.* 2008.

CLOSETS, F. *A felicidade de aprender. E como ela é destituída.* Lisboa: Terramar, 2002.

CLOTON, R.; JOLIBERT, J. (org.). *O poder de ler.* Porto: Civilização, 1978.

COHEN, R. *L'apprentissage precoce de la lectura.* Paris: P.U.F., 1982.

CORRAL, L. S.. *Literatura infantil y linguaje literária.* Barcelona: Ediciones Paidós, 1995.

CORREIA, H. Entrevista à Maria Leonor Nunes no *Jornal de Letras, Artes e Ideias*, ano XXXV, n. 1167, 24 de junho a 7 de julho de 2015, Lisboa.

CORREIA, L. M.; MARTINS, A. P. *Dificuldades de aprendizagem. O que são, como entendê-los.* Porto: Porto Editora, 1999.

CORREIA, R. A nascente da ingenuidade. *Jornal de Letras, Artes e Ideias*, ano XXXIX, n. 1269, 22 de maio a 4 de junho de 2019, Lisboa.

CORTÁZAR, J. Ler um livro é sempre botar o dedo no gatilho. *Revista do Brasil.* Secretaria de Ciência e Cultura, Rio de Janeiro, 1980.

CORTEZ, A. C. *Voltar e ler.* Lisboa: Gradiva, 2019.

COSTA, F. G.; EURÃO, I. *Estética das emoções.* Famalicão: Edições Humus, 2011.

COSTA PINTO, E. Condenar à ignorância. *Jornal de Letras, Arte e Ideias*, ano XXIII, n. 871, 18 de fevereiro a 2 de março de 2004, Lisboa.

COSTA, F. Competências para a Sociedade Educativa: Questões Teóricas e Resultados de Investigação. *Cruzamentos de Saberes. Aprendizagens Sustentáveis.* Lisboa: Fundação Calouste Gulbenkian, 1995.

COSTA, M. J. *As rimas infantis*: um continente poético esquecido. Porto: Porto Editora, 1992.

COUSINET, R. *Pédagogie de l'apprentissage.* Paris: PUF, 1959.

CRAPANZANO, F. *Tra epistemalogia ed ermeneutica.* Firenze: Phasar Edizioni, 2003.

CRATO, N. A pedagogia romântica e a falta de senso. *Jornal de Letras, Artes e Ideias*, ano XXIII, n. 861, 1 a 14 de outubro de 2003, Lisboa.

CRESPO, Á. *Dante y su Obra.* Barcelona: El Acantilado, 1999.

CRESPO, N. Exercícios e Transformações do olhar: Rilke e o Einsehen. *Colóqui/Letras*, n. 198, maio/agosto. Lisboa: Fundação Calouste Gulbenkian, 2018.

CROISET, M. *Platon – oeuvres complètes*. Tome I. Paris: Société D'Édition Les Belles Lettres, 1959.

CROWDER, L. *Psicologia de la lectura*. Madrid: Alianza Editorial, 1985.

CRUZ, J. S. F. *Práticas de literacia familiar e o desenvolvimento literário das crianças*. Braga: Universidade do Ninho, 2011.

DAISCOLL, M. *Psychology of learning of instruction*. 3. ed., Boston: Allyn and Bacon, 2005.

DARDER, A. *Cultura e poder na sala de aula*. Ramada: Edições Pedago, 2015.

DAY, C. *Desenvolvimento profissional de professores: os desafios de aprendizagem permanente*. Porto: Porto Editora, 2001.

DE MAN. P. *Allégonies de la lecture*. Paris: Galilée, 1989.

DEHANTA, A.; GILLE, A. *O nosso filho aprende a ler*. Coimbra: Almedina,1974.

DELEUZE, G. *Foucault*. Tatuapé: Editora Brasiliense 1988.

DELGADO-MARTINS, M. R.; COSTA, A.; RAMALHO, G. Processamento de informação pela leitura e pela escrita. *Literacia e Sociedade*. Lisboa: Caminho, 2000.

DIAS CARVALHO, A. Conhecer, Pensar e Educar: Os Desafios de uma Interpretação Antropológica. *Novo conhecimento Nova Aprendizagem*. Lisboa: Fundação Calouste Gulbenkian, 2000.

DIDELOT, M. Quels sont les lecteurs? *Economie et Humanisme*, n. 249, septiembre-octubre, Paris, 1979.

DILTS, R. B. *A estratégia da genealidade*. São Paulo: Summus Editorial, 1998.

DIOGO AMÉRICO, A. L. *Literatura infantil – História, Teoria, Interpretações*. Porto: Porto Editora, 1994.

DOWNING, J.; LEONG, C. K. *Psychology of reading?* Toronto: McMillan, 1982.

DUBORGEL, B. *Imaginário e pedagogia.* Lisboa: Instituto Piaget, 1995.

DUFAYS, J.-L. *Pour une lecture littérare.* Bruxelas: De Boech, 2005.

DUFAYS, J.-L. *Stéréotype et lecture.* Liège: Mardaga, 1994.

DULLA SOARES, L.; AFONSO, F. *O meu primeiro Eça.* Lisboa: D. Quixote, 2011.

DULLA SOARES, L.; AFONSO, F. *Seis histórias às avessas.* Porto: Civilização Editora, 2003.

ECO, U. *I limiti dell'interpretazione.* Milão: Bompiano, 1990.

ECO, U. *Interpretation and over interpretation.* New York: Cambridge University Press, 1992.

ECO, U. *La ricerca della lingua perfetta nella cultura europea.* Bari: Laterza, 1993.

EDSON, L. *How we learn.* Holanda: Time-Life Books, 1976.

EDUCAÇÃO PARA O DESENVOLVIMENTO SUSTENTÁVEL. *Jornal de Letras, Artes e Ideias*, ano XXII, n. 860, 17 a 30 de setembro de 2004, Lisboa.

ELIOT, T. S. Criticar o Crítico. *Ensaios Escolhidos.* Lisboa: Catania, 1992.

ÉLVARD, P. *O homem inacabado.* Ponto: Editora Exclamação, 2022.

ERASMO, D. *Obras escolhidas.* Madrid: Ed. L. Riber, 1964.

ÉSQUILO. *Prometeu agrilhoado.* Lisboa: Edições 70, LDA., 1992.

ETCHEVERRY, G. J.. Reconstruir desde las aulas. SECCION CULTURAL. *Jornal la Nacción*, 2005.

FARIA, M. I.; PERICÃO, M. G. *Dicionário do livro.* Coimbra: Edições Almedina, SA, 2008.

FARKAS, M. *Social Software in libraries: building collaboration, comunication and community on line.* Medford: Information Today, 2007.

FAURE, E. *et al. Aprender a ser.* Lisboa: Livraria Bertrand, 1974.

FERNANDES, A. *A ideia de humanidade na literatura do início do século XX:* Huxley, Malnaux e Gómez de Caseima. Lisboa: Tinta da China, 2013.

FERREIRA, V. *Escrever.* Lisboa: Berthanel Editora, 2001.

FEYTOR PINTO, P. À espera de resultados. *Jornal de Letras, Arte e Ideias*, ano XXIII, n. 871, 18 de fevereiro a 2 de março de 2004, Lisboa.

FIGUEIRA CARQUEJA, P. Por um pacto educativo. *JL/EDUCAÇÃO*, ano XXV, n. 1.178, 16 a 29 de setembro de 2015, Lisboa.

FIKALKOW, J. *Mouvais lecteurs pour quoi?* Paris: P.U.F., 1986.

FISH, Stanley. *Quand lire c'est faire. L'autorité des communautés interprétatives.* Paris: Les Praires Ordinaires, 2007.

FONSECA, V. D. *Dificuldades de aprendizagem.* 4. ed. Lisboa: Âncora Editora, 2008.

FORSTATER, M. *Os ensinamentos espirituais de sócrates.* Lisboa: Estrela Polar, 2005.

FRAISSE, E. *Les étudiants et la lecture.* Paris: P.U.F., 1993.

FRANCO, J. E. Literatura e evangelização. *Brotéria*, v. 175, dezembro de 2012.

FRANCO, J. E; CALAFATE, P. Inéditos de Vieira. *Brotéria*, v. 177, outubro de 2013.

FREIRE, A. *Estudos da literatura grega.* 2. ed. Braga: Edições APPA-CDM Distrital de Bragam 1996.

FREYRE. G. Prefácio. *In*: QUEIROZ, E.; ORTIGÃO, R. *As farpas de Eça de Queiroz e de Ramalho Ortigão*. Porto: Lello & Irmão, 1948.

FULLAT, O. *La agonía escolar*. Barcelona: Editorial Humanitas, 1986.

FUMAROLI, M. A Literatura; Encaminhamento em Direção à Pessoa. *In: O Desafio do Século XXI*.

FURTADO, J. A. *Os livros e as leituras: novas ecologias de informação*. Lisboa: Livros e Leituras, 2000.

GADAMER, H. G. *L'art de la mémoire*. Paris: Gallimard, 1975.

GAMA, S. *Pelo sonho é que vamos*. Lisboa: Ática, 1979.

GARCÍA POSADA, M. La dificultad de juzgar la literatura. Entrevista/Guerras de Poetas. *LEER*, Madrid, marzo de 1999.

GARCÍA SOBRINHO, J. (org.). *A criança e o livro: a aventura de ler*. Porto: Porto Editora, 2000.

GASCUEL, J. *Um espaço para o livro. Como criar, amar ou renovar uma biblioteca. A leitura: um prazer e uma necessidade*. Lisboa: Publicações Dom Quixote, 1987.

GERSÃO, T. Entrevista ao *Jornal de Letras, Artes e Ideias*, ano XXXIV, n. 1134, 19 de março a 1º de abril de 2014, Lisboa.

GESCHÉ, A. *Dias para pensar, II*. Salamanca: Sígueme, 1997.

GIL SOEIRO, R. *Iminência do encontro, George Steiner e a leitura responsável*. Lisboa: Roma Editora, 2009.

GIORDAN, A. Aprender. Lisboa: Instituto Piaget, 2007.

GIULIANI, B. *O Amor da sabedoria*. Lisboa: Edições Piaget, 2002.

GIURGEVICH, L.; LEITÃO, H. Para um estudo das antigas bibliotecas jesuítas: Catálogo, inventários e lista de livros. *Brotéria*, v. 175, Agosto/Setembro, 2012.

GLOTON, R.; JOLIBERT, J. (org.). *O Poder de Ler.* Porto: Civilização, 1978.

GOMES, A. *A literatura para a infância.* Lisboa: Torres e Abreu, 1979.

GONÇALVES, A. Criador e recriador. *Jornal de Letras, Artes e Ideias*, ano XXIII, n. 870, 4 a 17 de fevereiro de 2004, Lisboa.

GRÁCIO, R. *O saber plural.* Lisboa: Pé de Página, 1999.

GRAÇO, J. *En lisant en écrivant.* Paris: José Corti, 1982.

GRANT, A. *Pensar melhor. O poder de saber o que não sabemos.* Lisboa: Vogais, 2021.

GRUPO FRANCÊS DE EDUCAÇÃO NOVA (GFEN). *O Poder de ler.* Col. Ponte, Livraria. Porto: Civilização, 1978.

GRUPO FRANCÊS DE EDUCAÇÃO NOVA (GFEN): Em colaboração sob a direção de Josette Jolibert e Hélène Romina. *Para uma outra Pedagogia da leitura.* Porto: Col. Livraria Civilização, 1979.

GUARDADO MOREIRA, J. Entrevista à Ursula K. Le Guin. *Revista Ler*, n. 147, terceira série, outono de 2017.

GUSDORF, G. *Les ecritures du moi.* Paris: Odilejacob, 1991.

HABERMAS, J. *Comentários à Ética do Discurso.* Lisboa: Instituto Piaget, 1999.

HANS, A.; ANTISERI, D. *Epistenologia, ermeneutica e scienza Social.* Roma: Luiss Edizioni, 2002.

HANS, J. *Le principe responsabilité.* Paris: Les Éditions du Cerf, 1990.

HARRARI, J. N. *21 lições para o século XXI.* Amadora: 20/20 Editora: 2018.

HAVELOCK, E. A. *A musa aprende a escrever.* Lisboa: Gradiva, 1998.

HELDER, M. *Camões e a Viagem Iniciática.* Lisboa: Editora Abysmo 2013.

HERBERT, L. *Leónia devora livros.* Lisboa: Caminho, 1992.

HOGGART, R. *The uses of literacy.* Londres: Chatto and Windus, 1957.

HOLDAWAY, D. *The foundations of literacy.* Sydney: Ashton Scholastic, 1979.

HOLT, J. *Como aprendem as crianças.* Lisboa: Editorial Presença, 2001.

HOMERO. *Ilíada.* 2. ed. Lisboa: Edições Cotovia, 2005.

HOMERO. *Odisseia.* Lisboa: Cotovia, 2003.

HUIZINGA, J. *Erasmo.* Lisboa: Portugália Editora, 1970.

HUNT, P. *An introduction to children's literature.* Oxford: Oxford University Pres, 1994.

HUXLEY, A. L. *Contraponto.* São Paulo: Abril Cultural, 1982.

IBARRA, N.; BALLESTER, J. Le Construcción de la identidade a través de le adopción intercultural em la literatura infantil y juvenil contemporânea. *Revista Diacrítica, Revista Portuguesa de humanidades,* v. 20-1, ano 2016. Lisboa: Axioma, 2016.

ISER, W. *Rutas de la interpretación.* México D. F.: Fondo de Cultura Económica, 2005.

JAN, I. *La littérature enfantine.* Paris: Les Editions Ouvrières Dessain et Talra, 1985.

JAN, I. *Les livres pour les enfants.* Paris: Editions Ouvrières, 1973.

JAUSS, H. R. *A literatura como provocação.* História da Literatura como Provocação Literária. Lisboa: Veja, 1993.

JAUSS, H. R. *Pour une esthétique de la réception.* Paris: Gallimard, 1978.

JAVAL, E. *Physiologie de la lecture et de l'écriture.* Paris: Felix Alcon, 1905.

JORNAL DE LETRAS, ARTES E IDEIAS. Ano XLIII, n. 1374, 13 de maio a 13 de junho de 2023.

JOUVE, V. *La lecture.* Paris: Hachette, 1993.

JOYCE, J. *Dublimenes.* Lisboa: Relógio D'Água Editores, 2012.

KICKBUSCH, I. *Aprender para o bem-estar.* Lisboa: Fundação Calouste Gulbenkian, 2012.

KONINCK, T. D. *A nova ignorância e o problema da cultura.* Lisboa: Edições 70, 2003.

KUNDERA, M. *A cortina.* Porto: ASA Editores S.A., 2005.

KUNDERA. *L'art dunomam.* Paris: Gallimard, 1986.

LACARRIÈRE, J. *L'histoire de l'écriture à travers les contes.* Paris: Fayard, 1979.

LAGE, R. *O invisível.* Lisboa: Gradiva Publicações, S.A., 2018.

LAGES, M. F. (org.). *Os estudantes e a leitura.* Lisboa: Ministério da Educação – GEPE, 2007.

LE GOFF, J. Prefácio. *In*: ECO, U. *A procura da língua perfeita.* Lisboa: Editorial Presença, 1996.

LECHMER, E. Memória das Origens e Identidade Social. *Encontro de Saberes.* Lisboa: Fundação Calouste Gulbenkian, 2006.

LENTIN, L. *Du parler ou line.* Paris: F.S.F., 1977.

LEOPARDI, G. *Pequenas obras morais.* Lisboa: Relógio D'Água, 2003.

LEOPARDI, G. *Poesia de 26 séculos.* Porto: Edições Asa, 2005.

LETRIA, J. J. *Ler doce ler.* Lisboa: Terramar, 2004.

LETRIA, J. J. *O livro que só queria ser lido.* Lisboa: Texto Editores, 2006.

LEVENE, L. *100 filósofos*: a sabedoria dos grandes pensadores do mundo. Coimbra: Minotauro, 2022.

LÉVINAS, E. Les Droit de L'Homme et les Droits d'outrui. *Hons sujet.* Paris: Fata Morgana, 1997.

LÉVINAS, E. *Humanisme de l'autre homme.* Paris: Fata Morgana, 1972.

LEWIS, C. S. *A experiência de ler.* Porto: Porto Editora, 2003.

LINGUESA, M. C.; ORELLANA, E. R. *Primeiros contactos com la lectura, leer sin saber ler.* Salamanca: Fundación Germán Sánchez Ruipérez, 2008.

LIPOVETSKY, G. SERROY, J. *A cultura-mundo. Resposta a uma sociedade desorientada.* Lisboa: Edições 70, 2018.

LISBOA, E. O homem e o livro – II. *Revista Ler,* 2017.

LISPECTOR, C. *Uma aprendizagem ou o livro dos prazeres.* Rio de Janeiro: José Olympo, 1974.

LLANSOL, M. G. *Os cantores de leitura.* Lisboa: Assírio e Alvim, 2007.

LONG, M. *The psychology of education.* London: Routledge, 2000.

LOPES, J. Ser e Ter e o cotidiano de uma escola. *Diários de Notícias,* 22 de janeiro de 2004, Lisboa.

LOPES, J.; SANTOS SILVA, H. *Aprendizagem cooperativa na sala de aula: um guia prático para o professor.* Lisboa: LIDEL, 2009.

LOPES, Ó. *Ler e Depois*: crítica e interpretação literária 1. 2. ed. Porto: Inova, 1969.

LOPES, Ó. *Modo de ler*: crítica interpretação literária 2. Porto: Inova, 1969.

LOPES, P.; LOURENÇO, J. (org.). *Literacia(s) e Cidadania(s).* Lisboa: Livros Horizonte, LDA, 2023.

LORENZ, K. *L'envers du miroir une histoire naturelle de la connaissance.* Paris: Éditeur flammarion, 1975.

LOUREIRO, S. A educação em *A noite e o riso,* de Nuno Bragança. *Colóquio Letras,* n. 189, maio/agosto. Lisboa: Fundação Calouste Gulbenkian, 2015.

LOURENÇO, E.; LLANSOL, M. G. Um lugar real de escrita e leitura. *Colóquio Letras,* n. 189, maio/agosto. Lisboa: Fundação Calouste Gulbenkian, 2015.

LOZANO DÍAZ, R. *La biblioteca pública del siglo XXI: atendiendo clientes, mobilizando personas.* Gijón: Ediciones Trea, 2006.

LYOTARD, J.-F. *Le différence.* Paris: Les Éditions de Minuit, 1983.

MACEDO, M. F. Ideias Novas, sem Gavetas. *Jornal de Letras, Arte e Ideias.* Ano XXXIX, n. 1273, 17 a 30 de julho de 2019, Lisboa.

MACEDO SILVA, M. M. *Literatura infanto-juvenil.* Barcelos: Companhia Editora do Minho, 2001.

MACEDO, T.; SILVA, G. A Emergência do Ser Simbólico: do Texto Literário à Produção Escrita. *Ler para Entender.* Porto: Trampolim Edições, 2009.

MACHADO DE ABREU, L. A palavra que interroga. *Jornal de Letras, Artes e Ideias,* ano XXXVIII, n. 1254, 24 de outubro a 6 de novembro de 2018, Lisboa.

MAGALHÃES, J. Narração Oral: Histórias e Formação do Leitor. *ACTAS,* Lisboa, 2000.

MALLET, M. Una Reformulación de la Relación Texto-Lector. *Revista Época,* n. 13, agosto de 1991.

MAN, P. *O ponto de vista da cegueira.* Braga/Coimbra/Lisboa: Angelus Novus/Cotovia, 1999.

MANGUEL, A. Entrevista a Luís Ricardo Duarte. *Jornal de Letras, Artes e Ideias,* ano XXXIII, n. 1129, 8 a 21 de janeiro. Lisboa, 2014.

MARCO AURÉLIO. *Meditações*. São Paulo: Cultrix, 1964.

MARCOLONGO, A. *A lição de Eneias*. Coimbra: Edição 70, Edições Almedina, 2023.

MARITAN, J. *L'humanisme intégrale*. Paris: Aubien-Montaigne, 1956.

MARTÍNEZ-GROS, G. *L'idéologie omeyyade*: La construction de la légitimité du Califat de Cordoue (Xe-XIe siècles). Madrid: Bibliothèque de la Casa de Velázquez, 1992.

MARTINS, A. P.; MIRANDA CORREIA, L. *Dificuldades de Aprendizagem*. Porto: Porto Editora, 1999.

MARTINS, W. *A palavra escrita. Histórias do livro, de imprensa e da biblioteca*. São Paulo: Editora Ática S.A., 2001.

MARUJO, F. Papa Francisco, A Revolução da Ternura. *Revista Visão*, 5 de dezembro de 2013, Lisboa.

MATA, L. *Literacia familiar. Ambiente familiar e descoberta de linguagem escrita*. Porto: Porto Editora, 2006.

MCLUHAN, M. *La galaxia Gutenberg*. Paris: Gallimard, 1977.

MEDRANO, G. L. *El processo de Sócrates*. Madrid: Editorial Tratto, 1998.

MEGGITT, C. *Child development – an illustrated guide*. 2. ed. Oxford: Heinemann, 2006.

MEIRIEU, P. H. *Apprendre... Oui, mais comment?* 4. ed. Paris: ESF, 1989.

MELLO BREYNER ANDRESEN, S. *ONU na antiguidade clássica*. Lisboa: Assírio e Alvim, 2019.

MENEGOLLA, I. M. A atitude inteligente de ler. *Mundo Jovem*. Porto Alegre: Editora da Editora da Pontifícia Universidade Católica do Rio Grande do Sul (PUCRS), 1992.

MENEGOLLA, I. M. A Cidade e as Serras & Símbolo de Transição. *Boletim do Gabinete Português de Leitura.* Porto Alegre: Consulado de Portugal, 1981.

MENEGOLLA, I. M. A cidade: um projeto esfíngico, uma morada enigmática. *Revista Terceira Margem.* Rio de Janeiro: Editora da Universidade Federal do Rio de Janeiro (UFRJ), 1996.

MENEGOLLA, I. M. A Desmitificação em Eça de Queiroz. *Convergência Lusíada.* Rio de Janeiro: Revista do Real Gabinete Português de Leitura, n. 13, 1996.

MENEGOLLA, I. M. *A desmitificação em Eça de Queiroz.* Porto Alegre: Editora da Editora da Pontifícia Universidade Católica do Rio Grande do Sul (PUCRS), 1978.

MENEGOLLA, I. M. A Dimensão do Silêncio em Maina Mendes. *Cânones e Contextos.* Rio de Janeiro: Editora da Universidade Federal do Rio de Janeiro (UFRJ), 1991.

MENEGOLLA, I. M. *A linguagem do silêncio.* São Paulo: Editora HUCITEC, 1999.

MENEGOLLA, I. M. A Metamorfose do Desassossego. *Entre Molduras.* Lisboa: Esfera do Caos, 2016.

MENEGOLLA, I. M. *A metamorfose em Fernando Pessoa.* Porto Alegre: Edição Caravela, 1988.

MENEGOLLA, I. M. As Farpas, um Pharmacon Literário. *Caosótica*, ano IX, n. 31. Porto Alegre: Editora Caravela, 2013.

MENEGOLLA, I. M. Camões: um símbolo ideológico. *Caderno Cultural do Correio do Povo.* Porto Alegre: Edição do Correio do Povo, 1989.

MENEGOLLA, I. M. *Desmitificação como expressão de literacia em Eça de Queiroz.* Lisboa: Edições COLIBRI, 2015.

MENEGOLLA, I. M. Existencialismo e Literatura. *Cadernos da FAFINC*. Porto Alegre: Faculdade de Filosofia Nossa Senhora de Conceição, 1997.

MENEGOLLA, I. M. José Régio, a procura de si mesmo. *Caderno Cultural do Correio do Povo*. Porto Alegre: Edição Correio do Povo, 1979.

MENEGOLLA, I. M. O processo literário queiroziano. *Convergência Lusíada*. Rio de Janeiro: Real Gabinete Português de Leitura, 1996.

MENEGOLLA, I. M. O professor, esse desconhecido. *Caderno da FAFINC*. Porto Alegre: Faculdade de Filosofia Nossa Senhora de Conceição, 1998.

MENEGOLLA, I. M. Uma Revolução Intelectual, um Renascimento Espiritual e Moral são Propósitos Pedagógicos que Precedem a Cidadania. *Desafios da Educação para os Novos Tempos*. Porto Alegre: Editora Evangraf, 2014.

MENEGOLLA, M. Avaliação em educação. *Revista de Educação – AEC*, ano 15, n. 8, 1973.

MENEGOLLA, M. *Avaliação*. Porto Alegre: Editora Evangraf, 1987.

MENEGOLLA, M. *Avaliar para aprender*. Porto Alegre: Editora Evangraf, 1994.

MENEGOLLA, M. *Didática*. Porto Alegre: Editora Evangraf, 1992.

MENEGOLLA, M. *E agora, aluno?* Rio de Janeiro: Editora Vozes, 1992.

MENEGOLLA, M. *E agora, escola?* Rio de Janeiro: Editora Vozes, 1991.

MENEGOLLA, M. *E agora, professor?* Porto Alegre: Mundo Jovem, Editora da Pontifícia Universidade Católica do Rio Grande do Sul (PUCRS), 1987.

MENEGOLLA, M. Nada substitui um bom livro. *Mundo Jovem*. Porto Alegre: Editora da Editora da Pontifícia Universidade Católica do Rio Grande do Sul (PUCRS), 1996.

MENEGOLLA, M. O ato de ler. *Mundo Jovem*. Porto Alegre: Editora da Pontifícia Universidade Católica do Rio Grande do Sul (PUCRS), 1966.

MENEGOLLA, M. *Planejamento curricular numa perspectiva humana*. Porto Alegre: Editora da Pontifícia Universidade Católica do Rio Grande do Sul (PUCRS), 1978.

MENEGOLLA, M. *Por que avaliar? Como avaliar?* Rio de Janeiro: Editora Vozes, 1995.

MENEGOLLA, M; SANTANA, I. *Aprender a ensinar*, São Paulo: Editora Loyola, 1989.

MENEGOLLA, M; SANTANA, I. *Por que Planejar, Como Planejar?* Rio de Janeiro: Editora Vozes, 1991.

MERLO, J. C. *La literatura infantil y su problematica*. 3. ed. Buenos Aires: Editorial El Ateneo, 1985.

MEXÍA, P. *Biblioteca*. Lisboa: Tinta-da-China, 2015.

MIALARET, G. *A aprendizagem da leitura*. Lisboa: Editora Estampa, 1974.

MIALARET, G. *A psicopedagogia*. Lisboa: Dom Quixote, 1992.

MILLER, J. H. *A ética da leitura*: ensaios 1979-1989. Estácio: Imago Editora, 1995.

MONDOLFO, R. *Sócrates*. 3. ed. São Paulo: Mestre Jou, 1972.

MONTEFIORE, S. S. *Titãs de história*. Lisboa: Planeta, 2023.

MONTERO, T. *À procura da própria coisa*. Portugal: Narrativa, 2022.

MORAIS, J. *A arte de ler: psicologia cognitiva da leitura*. Lisboa: Edições Cosmos, 1997.

MORAIS, J. *L'art de lire*. Paris: Editions Odile Jacob, 1994.

MORAIS, J. J. *A aprendizagem de leitura: componentes, perfis de evolução e respectivas avaliações*. Conferência na Fundação Calouste Gulbenkian. Lisboa, outubro de 2007.

MORIN, E. *Introduction à la pensée complexe*. Paris: Esféditeur, 1990.

MORIN, E. Entrevista a Ana Marques Gastão. *Colóquio Letras*, n. 198, maio/agosto. Lisboa: Fundação Calouste Gulbenkian, 2018.

MORIN, E. *O método*. 2. ed. Mem Martins; Publicações Europa/América, 1987.

MORIN, E. *Reformar o pensamento*. Lisboa: Instituto Piaget, 2002.

MORIN, E. et al. *Novo conhecimento nova aprendizagem*. Lisboa: Fundação Calouste Gulbenkian, 2000.

MOSER, B. *Porquê este mundo*. Lisboa: Relógio D'Água Editores, 2017.

MOTA FIGUEIRA, M. A. Lutar pela exigência. *Jornal de Letras, Arte e Ideias*, ano XXIII, n. 871, 18 de fevereiro a 2 de março de 2004, Lisboa.

MOURÃO, J. A. Prefácio. *In*: MILLER, J. H. *A ética da leitura*. Lisboa: Coleção VEGA Universidade, 2002.

NASCIMENTO RODRIGUES, S. *Maria Montesori*: a educação que constrói a paz. Alfragide: Oficina do Livro, 2023.

NEVES, O. *Dicionário da origem das palavras*. Círculo de leitores. Lisboa: Editorial Notícias, 2001.

NISIN, A. *La littérature et le lecteur*. Paris: Éditions Universitaires, 1959.

NOBILE, A. *A literatura infantil y juvenil*. Madrid: Ediciones Morata, Ministério de Educación y Ciencia, 1992.

NORTON, C. *Os mecanismos da escrita criativa*. Lisboa: Temas e debates, 2001.

NÓVOA, A. Acreditar na mudança. *Jornal de Letras, Artes e Ideias*, ano XXIII, n. 861, 1 a 14 de outubro de 2003, Lisboa.

NÓVOA, A. *JL – Educação,* n. 1051, ano XXX, 12 a 25 de janeiro de 2011, Lisboa.

NYLUND, J. *Sisu*: a arte finlandesa de viver com coragem. Amadora: 20/20 Editora, 2018.

OLIVEIRA MARTINS, G. A leitura como tesouro. *Jornal de Letras, Artes e Ideias*, ano XXIII, n. 860, 17 a 30 de setembro, 2004, Lisboa.

OLIVEIRA MARTINS, G. A educação e o desenvolvimento. Homenagem o Roberto Carneiro. *JL/EDUCAÇÃO,* n. 1143, 23 de julho a 5 de agosto de 2014, Lisboa.

OLIVEIRA MARTINS, G. A pátria é a língua. *Jornal de Letras, Artes e Ideias*, ano XXIII, n. 873, de 17 a 30 de março de 2004, Lisboa.

OLIVEIRA MARTINS, G. Ler e voltar a ler... *Jornal de Letras, Artes e Ideias*, ano XXXIX, n. 1266, 10 a 25 de abril de 2019, Lisboa.

OLIVEIRA MARTINS, G. Língua, Leitura e Literatura. *Jornal de Letras, Artes e Ideias*, ano XXXIII, n. 1.130, 22 de janeiro a 4 de fevereiro de 2014, Lisboa.

ORAA, J. M. A. *Raison critique ou raison herméneutique?* Paris: Cerf, 1998.

OSBORN, A. F. *O poder criador da mente*: princípios e processos do pensamento criador e do brainstorming. 3. ed. São Paulo: IBRASA, 1972.

PAGEAUX, D. H. *Da literatura comparada à teoria da literatura*. Lisboa: Editorial Presença, 2001.

PAIXÃO, M. L. Do Leitor. *In*: *O livro e o leitor: o processo educativo*. Lisboa: CNE, 1994.

PAVEZ, T. *Univers de la fiction*. Paris: Sevil, 1988.

PAZ, O. *Cuadrivio*. México: J, Mortiz, 1991.

PAZ, O. *Itinerário*. México: FCE, 1993.

PAZ, O. *Pasión crítica*. Barcelona: Seix Barral, 1990.

PEAGET, J. *Le jugement moral chez l'enfant*. Paris: PUF, 1973.

PERRENOUD, P. *O ofício de aluno e o sentido do trabalho escolar*. Porto: Porto Editora, 1995.

PERROTTI, E. *O texto sedutor na literatura infantil*. São Paulo: Icone, 1986.

PICARD, M. *La lecture comme jeu*. Paris: Minuit, 1986.

PINA, M. A. Ler e Escrever. *Revista Portuguesa de Psicanálise*, n. 18, março de 1999. Lisboa: Edições Afrontamento.

PINA, M. A. Para que serve a literatura infantil?. *Atas do encontro sobre literatura para crianças e jovens*. Lisboa: Editorial Caminho, 2000.

PINA, M. A. Porque escrevo para crianças. *Jornal de Educação*, abril de 1979.

PINA, M. A. *História do sábio fechado na sua biblioteca*. Lisboa: Assírio e Alvim, 2009.

PINA, M. A. *Pequeno livro de desmatemática*. Lisboa: Assírio e Alvim, 2001.

PINTO, A. *Um ignorante é muito atrevido*. Estarreja: Mel Editores, 2014.

PINTO, M. Informação, conhecimento e cidadania – Educação escolar como espaço de interrogação e de construção de sentido. *Cruzamento de Saberes: Aprendizagens Sustentáveis*. Lisboa: Fundação Calouste Gulbenkian, 2002.

PIRES PEREIRA, Í. S. Para um entendimento de Complexidade de Aprendizagem Leitora. *Ler para Ser.* Coimbra: Almedina, 2014.

PLATÃO. *Apologia de Sócrates, Êutifron, Críton.* Lisboa: Ed. Verbo, 1972.

PLATÃO. *Banquete.* Lisboa: Edições 70, LDA, [19--?].

PLATÃO. *Crátilo.* Lisboa: Livraria Sá de Costa, 1963.

PLATÃO. *Diálogo.* 3. ed. São Paulo: Cultrix, 1957.

PLAZA, J. M. Animar a la lectura. *LEER*, n. 91. Madrid: Otoño, 1997.

POPPER, K. R. *O mito do contexto.* Lisboa: Edições 70, 1999.

POSLANIEC, C. *Le plaisin de line explique aux parentes.* Paris: Retz, 2004.

PRESSLEY, M. *Como ensenóar a leer.* Barcelona: Paidós: 1999.

PRIGOGINE, I. *O fim das certezas.* Lisboa: Gradiva, 1996.

PRIMO LEVI. *Se isto é um homem.* Lisboa: Editorial Teorema, 1988.

PRIMO LEVI. *Senão agora, quando?* Lisboa: D. Quixote, [19--?].

PROUST, M. *Em busca do tempo perdido.* Vol. I. Lisboa: Relógio D'Água Editores, 2003.

PROUST, M. *Sobre a leitura.* Lisboa: Antígona, 2020.

QUEIROZ, E. *A correspondência de Fradique Mendes.* Lisboa: Edição Livros do Brasil, [s.d.].

QUEIROZ, E. *Notas contemporâneas.* 3. ed. Porto: Livraria Chandron, de Lello & Irmão, 1909.

QUENTAL, A. A dignidade das letras e as literaturas oficiais. Dezembro de 1865. *In*: MATOS, A. C. *Dicionário de Eça de Queiroz.* Lisboa: Caminho, 1988.

QUINTANILHA, A. et al. *Cruzamento de saberes/aprendizagens sustentáveis.* Lisboa: Fundação Calouste Gulbenkian, 2002.

QUINTANILHA, A. Aprender para lá do que nos ensinam. *Cruzamento de saberes/aprendizagens sustentáveis.* Lisboa: Fundação Calouste Gulbenkian, 2002.

RANCIÈRE, J. *Politique de la littérature.* Paris: Galilée, 2007.

REAL, M. O meu melhor professor. *Jornal de Letras, Artes e Ideias*, ano XXXVIII, n. 1.254, 24 de outubro a 6 de novembro de 2018, Lisboa.

REBELO, D. *Estudo psicolinguístico da aprendizagem da leitura e da escrita.* Lisboa: Fundação Calouste Gulbenkiam, 1990.

REBOUL, O. *Qu'est-ce qu'apprendre?* Paris: PUF, 1980.

RÉGIO, J. *Poemas de Deus e do Diabo.* Obras Completas. Poesia. 10. ed. Porto: Brasília Editora, 1984.

REIS SILVA, S. da; RAMOS, Ana Margarida. Leitura do Berço ao Recreio. *In:* VIANA, F. L.; RIBEIRO, I.; BAPTISTA, A. (org.) *Ler para Ser.* Coimbra: Almedina, 2014.

RIBEIRO, O. *Mestres, colegas, discípulos.* Volumes I e II. Lisboa: Fundação Calouste Gulbenkian, 2016, 2017.

RICOEUR, P. *Le conflit des interprétations – essais d'hermeneutique.* Paris: Sevil, 1969.

RICOEUR, P.; CHANGEUX, J. *O que nos faz pensar?* Lisboa: Edições 70, 2001.

RIGOLET, S. A. *Leitura do mundo e leitura de livros da estimulação precoce da linguagem escrita.* Porto: Porto Editora, 1997.

RIGOLET, S. A. *Ler livros e contar histórias com as crianças. Como formar leitoras activos e envolvidos.* Porto: Porto Editora, 2009.

RILKE, R. M. *Cartas a um jovem poeta.* Porto: Asa: 2002.

ROCHA PEREIRA, M. H. *Hélade.* 4ª ed. Coimbra: Faculdade de Letras da Universidade de Coimbra, 1982.

RODARI, G. *Gramática da fantasia*. Lisboa: Editorial Caminho, 1992.

ROGERS, C. *Tornar-se pessoa*. Lisboa: Padrões Culturais Editora, 2009.

ROSÁRIO, P. S. L. Comprometido com aprendizagem. *Jornal de Letras, Artes e Ideias,* ano XXII, n. 867, 24 de dezembro e 6 de janeiro de 2004, Lisboa.

ROSENTHAL, R. A.; JACOBSON, Lenore. *Pygmalion è L'écoll. L'Attente du maître et le développement intelectual des éleves*. Paris: Casterman, 1971.

RUSHDIE, S. *Linguagens da verdade*. Alfragilde: Publicações Dom Quixote, 2023.

SANTOS ALVES, M. do. Prefácio. *In*: VIEIRA, A. *Sermão de Santo António aos peixes*. Lisboa: Editora VEJA LIMITADA, 1998.

SANTOS SILVA, A. Nem Filho de Rousseau, nem elitista. *Jornal de Letras, Arte e Ideias,* ano XXIII, n. 867, 24 de dezembro a 6 de janeiro de 2004, Lisboa.

SANTOS, J. *Ensaios sobre educação – a criança, quem é?* Lisboa: Livro Horizonte, 1978.

SANTOS, M. F. Incentivos ao estudo. *Jornal de Letras, Arte e Ideias*, ano XXII, n. 860, 17 a 30 de setembro de 2003, Lisboa.

SARAH-JAYNE, B.; UTA, F. *O Cérebro que Aprende. Lições para a Educação*. Lisboa: Gradiva, 2009.

SARTRE, J. P. *Qu'est-ce que la littérature?* Paris: Éditions Gallimard, 1948.

SCHLICK, M. O fundamento do conhecimento. *Pensadores – Coletânea de Textos*. São Paulo: Abril Cultural, 1980.

SEGRE, C. *Introdução à análise do texto literário*. Lisboa: Editorial Estampa, 1999.

SEIXO, M. A. A criação no rigor. *Jornal de Letras, Artes e Ideias*, Lisboa, 2015.

SERÔDIO, M. H. *William Shakespeare – a sedução dos sentidos*. Lisboa: Edições Cosmos, 1996

SERRES, M. *O terceiro instruído*. Lisboa: Edições Piaget, 1996.

SHAKESPEARE, W. *Bem Está o que bem Acaba*. Porto, Lello & Irmão, 1948.

SILVA, A. *Textos pedagógicas, v. II*. Lisboa: Âncora Editora, 2002.

SILVA, A. C. Insubmissão e inconformismo. *Jornal de Letras, Arte e Ideias*, ano XXXIX, n. 1276, 28 de agosto a 10 de setembro de 2019, Lisboa.

SILVA, C. O princípio da leitura. Entrevista Educação. *Jornal de Letras, Artes e Ideias*, ano XXIII, n. 871, 18 fevereiro a 2 de março de 2004, Lisboa.

SILVA, G.; SIMÕES, R. O texto literário e a cooperação interpretativa do leitor. *Ler para Entender*. Porto: Trampolim Edições, 2009.

SILVA, M. F. Escrever tem arte e tem segredos... Era bom que trocássemos umas ideias sobre o assunto. *Ensaios sobre Mário de Carvalho*. Coimbra: Imprensa da Universidade de Coimbra, 2012.

SILVERMAN, H. J. *Testualitá tra ermeneutica e desconstruzione*. Milano: Spirali, 2003.

SIM-SIM, I.; VIANA PARENTE, F. *Estudos e instrumentos de análise de níveis de leitura*. Conferência na Fundação Calouste Gulbenkiam. Lisboa, outubro de 2007.

SIMÕES, R. J. B. *Crime, castigo e género nas sociedades mediatizadas*: políticas de (in)justiça no discurso dos media. Coimbra: Editora Media XXI, 2016.

SINGER, G. A Literatura Intercultural: Desafios e Canonização. *Dia Crítica – Revista Portuguesa de Humanidades*, v. 20–1, ano 2016. Lisboa: Axioma.

SLAVIN, R. *Aprendizaje cooperativo:* teoría, investigación y práctica. Argentina: AIQUE, 1999.

SLAVIN, R. *Cooperative learning.* New York, NY: Longman, 1983.

SNYDER, C. R.; LOPEZ, S. J. *Psicologia positiva*: uma abordagem científica e prática das qualidades humanas. Porto Alegre: Artmed 2008.

SOARES, L. D. *Autores obrigatórios: sim ou não? In:* Atos do II Encontro o desafio de ler e escrever – Leitura e Coesão Social. Lisboa: Civitas, 2002.

SOLÉ, I. *Estratégias de lectura.* 15. ed. Barcelona: Editorial GRAO, de IRIF, S.L., 2004.

SORIANO, M. *Guide de littérature pour la jounesse.* Paris: Flammaniom, 1989.

SOUSA, F. A. *Novo dicionário latino-português.* Porto: Lello e Irmão Editores, 1957.

SPADORO S. J. A. Homens de Fronteira. *Brotéria*, v. 177, julho de 2013.

SPITZ, R. *La primière annél de la vie de l'enfant.* Paris: Presses Universitaires de France, 1963.

STEINER, G. *As lições dos mestres.* Lisboa: Gradiva, 2005.

STEINER, G. *Dez razões (possíveis) para a tristeza do pensamento.* Lisboa: Relógio D'Água, 2015.

STEINER, G. *Gramática de criação.* Lisboa: Relógio d'Água, 2002.

STEINER, G. *La barbarie de la ignorancia.* Madrid: Tallen de Mario Mochmik, 2000.

STITH, T. *The folktale*. Berkeley: University of California Press, 1977.

SUCENA, A.; CASTRO, S. L. *Aprender a ler e avaliar a leitura*. Coimbra: Almedina, 2009.

TEALE, W. H.; SULLBY, E. *Emergent literacy: writing and reading*. Norwood, NY: Ablex Publishing, 1986.

TEBERO SKY, A. *La lectura y la escrita desde uma perspectiva evolutiva. O Desafio de Ler e Escrever*. *In:* Atos do II Encontro Internacional Leitura e Coesão Social. Lisboa: Civitas, 2002.

TEDESCO, J. C. *O novo pacto educativo*. Vila Nova de Gaia: FML, 1999.

TEIXEIRA CAVALCANTE, L.; RAMOS, N. Sobre a retomada iluminista de uma ética nacional: a proposta de Habermas. *Revista Portuguesa de Pedagogia,* ano 45-1, 2011.

TEIXEIRA CAVALCANTE, L.; RAMOS, N. Sobre o *ethos* na educação: dialogando com Kohlberg, Habernas e Boa Ventura de Souza Santos. *Revista Portuguesa de Pedagogia,* ano 45-1. Coimbra: Imprensa de Universidade de Coimbra, 2011.

TEIXEIRA LOPES, J. Leituras para quê? *In:* TEIXEIRA LOPES, J. (org.) *Práticas de Dinamização da Leitura*. Lisboa: SETE PÉS, [1999].

TEXIER, R. *Socrate enseignant – de platon à nous*. Paris: Éditions L'Harmattan, 1992.

TOLSTOI, L. *O calendário da sabedoria*. Cascavelos: Editora Self, 2022.

TOPA, F. *Olhares sobre a literatura infantil*. Porto: Edição do Autor, 1998.

TOSCANA, D. *O último leitor*. Portugal: Oficina do livro, 2008.

TROUSSON, R. *Prometeu na literatura*. Porto: Rés, [1999].

UREÑA PRIETO, M. H. O encanto de criança em Homero. *Revista Portuguesa de História do Livro*, ano XII, v. 23. Lisboa: Edições Távola Redonda, 2009.

VALÉRY, P. *Cohens, I e II.* Paris: Galimard, 1973-1974.

VARGAS LLOSA, M. Entrevista. *Revista Tan nas nuvens*, ano 3, n. 34, outubro de 2010.

VATTIMO, G. *As aventuras da diferença.* Lisboa: Edições 70, 1998.

VATTIMO, G. *A sociedade transparente.* Lisboa: Edições 70, 1991.

VAZ PINTO, A. Homens de Fronteiras. *Brotéria,* v. 177, julho de 2013.

VERNANT, J. et al *El hombre griego.* Madrid: Alianza, 2000.

VIANA, F. L.; RIBEIRO, I.; BAPTISTA, A. (org.). *Ler para Ser.* Coimbra: Almedina, 2014.

VIANA, F. L.; TEIXEIRA, M. *Aprender a ler – de aprendizagem informal à aprendizagem formal.* Porto: Edições Asa, 2002.

VIEIRA, A. As portas para o desconhecido. *Jornal de Letras, Artes e Ideias,* ano XXXV, n. 1172, 2 a 15 de setembro de 2015, Lisboa.

WESTON, A. *A arte de argumentar.* Lisboa: Gradiva, 1996.

WESTPHAL, B. *La géocnitique.* Paris: Minuit, 2007.

WOLTON, D. *Pensar a comunicação.* Lisboa: Difel, 1999.

WOOLF, V. *Entre os actos.* Lisboa: Cotovia, 1991.

WOOLFOLK, A. *Educational, psychology.* 10. ed., Boston: Allyn and Bacon, 2007.

YAN, I. *Les Livres pour les enfants.* Paris: *Éditions* Ouvrières, 1973.

ZINK, M. *La subjectivité littéraire.* Paris: PUF, 1985.